系统可靠性与安全性

主　编　胡启洲

副主编　李香红　陈　新　刘英舜

西南交通大学出版社
·成　都·

图书在版编目（ＣＩＰ）数据

系统可靠性与安全性／胡启洲主编. —成都：西
南交通大学出版社，2019.10
ISBN 978-7-5643-7185-2

Ⅰ. ①系… Ⅱ. ①胡… Ⅲ. ①交通工程－系统可靠性
－研究②交通工程－系统安全性－研究 Ⅳ. ①U491

中国版本图书馆 CIP 数据核字（2019）第 236076 号

Xitong Kekaoxing yu Anquanxing

系统可靠性与安全性

主编　胡启洲

责任编辑	孟秀芝
封面设计	曹天擎
出版发行	西南交通大学出版社
	（四川省成都市金牛区二环路北一段 111 号
	西南交通大学创新大厦 21 楼）
发行部电话	028-87600564　028-87600533
邮政编码	610031
网址	http://www.xnjdcbs.com
印刷	四川森林印务有限责任公司
成品尺寸	170 mm×230 mm
印张	12.25
字数	193 千
版次	2019 年 10 月第 1 版
印次	2019 年 10 月第 1 次
书号	ISBN 978-7-5643-7185-2
定价	35.00 元

前　言

《系统可靠性与安全性》是交通工程专业开设的一门专业基础课。现代交通的发展，离不开科学技术的进步。而交通的快速发展，更离不开基础学科的大力推动。所以，掌握系统可靠性与安全性的基本知识，已经成为交通工程专业的学生及从业人员必须具备的条件。

本书从两个方面解读系统可靠性与安全性：一是"知其然，知其所以然"，即在界定可靠性的基础上，从系统角度研究可靠性的特征参数和计算方法；二是"理念创新，方法应用"，即在界定安全性基础上，从系统层面研究交通安全性的性能特征和量化方法，并结合交通学科特点来研究不同交通方式的系统安全性。最后，达到"从实践中来，到实践中去"的目的。

本书由南京理工大学胡启洲任主编，济南理工大学李香红，南京理工大学陈新、刘英舜任副主编，南京理工大学卞立、谈敏佳、林娟娟等博士研究生，岳民、周浩、李晓菡、曾爱然等硕士研究生也参与了编写。本书编写过程中也得到编辑部同仁的帮助，在此表示衷心感谢。本书参考了许多前人成果，在此表示感谢。

本书可作为科研工作者、工程技术人员、管理工作者、大专院校师生的读物。但由于时间和水平有限，书中难免有疏漏和不当之处，敬请广大读者赐教批评。

编　者

2019 年 7 月

目　录

第 1 章　系　　统

　　系统是指将零散的东西进行有序的整理、编排形成的具有整体性的整体。中国著名学者钱学森认为，系统是由相互作用、相互依赖的若干组成部分结合而成的，具有特定功能的有机整体，而且这个有机整体又是它从属的更大系统的组成部分。

　　由运动着的若干部分，在相互联系、相互作用之中形成的具有某种确定功能的整体，谓之系统。而系统工程是为了最好地实现系统的目的，对系统的组成要素、组织结构、信息流、控制机构等进行分析研究的科学方法。它运用各种组织管理技术，使系统的整体与局部之间的关系协调和相互配合，实现总体的最优运行。系统工程不同于一般的传统工程学，它所研究的对象不限于特定的工程物质对象，而是任何一种系统。它是在现代科学技术基础之上发展起来的一门跨学科的边缘学科。

1.1　系统的概念

　　"系统"一词源于英文 system 的音译，并对应其外文内涵加以丰富。系统就是由相互作用、相互依赖的若干组成部分结合而成的，具有特定功能的有机整体。而系统由部件组成，部件处于运动之中、部件间存在着联系、系统各部件和的贡献大于各部件贡献的和、系统的状态是可以转换和可以控制的。因此，系统概念含有五个基本要素：功能、组元（组成）、结构、运行与环境。

1. 系统的定义

系统（System）由相互作用、相互依赖而又相互区别的若干组成部分结合而成的，具有特定功能的有机整体。

（1）多元性（Multielement）。系统是由若干要素（部分）组成的。这些要素可能是一些个体、元件、零件，也可能其本身就是一个系统（或称之为子系统）。

（2）集体性（Collectivity）。系统有一定的结构。一个系统是其构成要素的集合，这些要素相互联系、相互制约。系统内部各要素之间相对稳定的联系方式、组织秩序及失控关系的内在表现形式，就是系统的结构。

（3）功能性（Functionality）。系统有一定的功能，或者说系统要有一定的目的性。系统的功能是指系统与外部环境在相互联系和相互作用中表现出来的性质、能力和功能。

因此，系统可以是机器、设备、部件和零件，单元也可以是机器、设备、部件和零件。系统和单元的含义是相对而言的，依研究的对象而定。系统可以分为可修复系统与不可修复系统两类。

2. 系统的分类

系统可以分为三类：自然系统、人工系统、复合系统。

（1）自然系统（Natural System）。系统内的个体按自然法则存在或演变，产生或形成一种群体的自然现象与特征。自然系统包括生态平衡系统、生命机体系统、天体系统、物质微观结构系统以及社会系统等。

（2）人工系统（Manual System）。系统内的个体根据人为的、预先编排好的规则或计划好的方向运作，以实现或完成系统内个体不能单独实现的功能、性能与结果。人工系统包括立体成像系统、生产系统、交通系统、电力系统、计算机系统、教育系统、医疗系统、企业管理系统等。

（3）复合系统（Composite System）。复合系统是自然系统和人工系统的组合。复合系统包括导航系统、交通管理系统和人—机系统等。

3. 系统的特性

系统的特性主要有：整体性、相关性、层次性、目的性、环境适应性。

（1）整体性（Integrity）：一个系统的完善与否主要取决于系统中各要素能否良好的组合，即是否能构成一个良好的实现某种功能的整体。即使并非每个要素都很完善，它们也可以综合、统一成为一个具有良好功能的系统，这就是一个较为完善的系统；反之，尽管每个要素是良好的，构成整体后却不具备某种良好的功能，这不能称之为完善的系统。

（2）相关性（Relativity）：系统内各要素之间是有机联系和相互作用的，要素之间具有相互依赖的特定关系，是互为相关的。

（3）目的性（Purposiveness）：所有系统为了实现某一特定的目标，没有目标就不能称之为系统。不仅如此，设计、制造和使用系统，最后总是希望完成特定的功能，而且要效果最好，这就是所谓最优计划、最优设计、最优控制、最优管理和使用等。

（4）层次性（Hierarchy）：系统有序性主要表现为系统空间结构的层次性和系统发展的时间顺序性。系统可分为若干子系统和更小的子系统，而该系统又是其所属系统的子系统。这种系统的分割形式表现为系统空间结构的层次性。

（5）环境适应性（Environmental Suitability）：任何一个系统都处于一定的物质环境之中，系统必须适应外部环境条件的变化，而且在研究和使用系统时，必须重视环境对系统的作用。

1.2　系统工程

系统工程（Systems Engineering）是以大型复杂系统为研究对象，按一定目的进行设计、开发、管理与控制，以期达到总体效果最优的理论与方法。所以，从系统观念出发，以最优化方法求得系统整体的最优的综合化的组织、管理、技术和方法的总称。因此，系统工程是组织管理系统的规划、研究、设计、制造、试验和使用的科学方法，是一种对所有"系统"都具有普遍意义的科学方法。

1. 系统工程的定义

系统工程是为了研究由多个子系统构成的整体系统所具有的多种不同目标的相互协调，以期系统功能达到最优，并最大限度地发挥系统组成部分功能而发展起来的一门科学。

2. 系统工程的特点

系统工程的主要特点是：研究方法的整体性、应用学科的综合性、组织管理的科学化。

（1）整体性（Integrity）。把研究对象作为一个整体来分析，分析总体中各个部分之间的相互联系和相互制约，使总体中的各个部分相互协调配合，服从整体优化要求；在分析局部问题时，从整体协调的需要出发，选择优化方案，综合评价系统的效果。

（2）综合性（Comprehensiveness）。综合运用各种科学管理的技术和方法，将定性分析和定量分析相结合。

（3）科学化（Scientization）。对系统的外部环境和变化规律进行分析，分析它们对系统的影响，使系统适应外部环境的变化。

3. 系统工程案例

系统工程的典型案例有：美国阿波罗登月计划、苏联米格-25 战机、中国高速铁路工程。

（1）美国阿波罗登月计划（Apollo Program）。

阿波罗登月计划又称阿波罗工程，是美国 1961—1972 年组织实施的一系列载人登月飞行任务。其目的是实现载人登月飞行和人对月球的实地考察，为载人行星飞行和探测进行技术准备，它是世界航天史上具有划时代意义的一项成就。阿波罗计划是人类有史以来最庞大的工程之一，几十万名科学家和工程技术人员参与了这项工程。主要系统工程有：运载火箭系统、导航定位系统、环境控制与生命保障系统、应急救生系统、人工控制系统、安全返回系统、高可靠性安全性系统。阿波罗登月计划的成功源于任何一个系统都要考虑与其他系统的衔接，如图 1.1 所示。

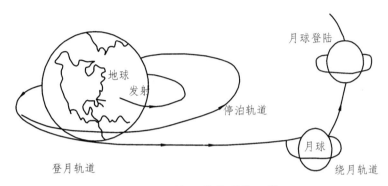

图 1.1　阿波罗登月系统工程

（2）苏联米格-25 战机（Mikoyan MiG-25 Program）。

米高扬米格-25（俄文：Микоян МиГ-25，英文：Mikoyan MiG-25，北约代号：Foxbat，译文：狐蝠）是高空高速截击战斗机，也是世界上第一种最大飞行速度超过 3 马赫的战斗机。米格-25 于 20 世纪 50 年代末开始设计，它的研制目的主要是对付美国研发的 XB-70"瓦尔基里"轰炸机与 A-12/SR-71"黑鸟"高空高速侦察机，这种侦察机的最高速度同样达到 3 马赫，普通的截击机根本无法追上。1961 年，米格-25 原型机在试验中创造了在 22 670 米的升限以 3 000 km/h 的速度飞行的世界纪录，当时世界上任何一架飞机都无法达到这一性能。"米格-25"是创造过"神话"的一代战机，打破和创造过 23 项世界纪录，其中 8 项飞行速度纪录、9 项飞行高度纪录、6 项爬高时间纪录。赋予"米格-25"高超本领的缘由，并不在于开拓了什么新的技术领域，也并非缘于采取了什么卓尔不群的技术成果，而是成功地利用了系统理论的整体功能原理，将并不是最先进的众多元件加以高效的有机组合，从而产生了惊人的系统效果，如图 1.2 所示。

图 1.2　米格战机系统工程

③ 中国高速铁路工程（China Railway High-Speed Program, CRHP）。

2005 年，我国铁路总营业里程为 7.5 万千米，我国人均占有铁路仅约 5.4 厘米，为美国的 1/3、日本的 1/7、德国的 1/15、英国的 1/10、法国的 1/8，当时我国并无高铁。从 2005 年开始，中国铁路客运专线及高速铁路网络建设进入实施阶段。到 2017 年，我国高铁运营里程为 2.5 千米（世界高铁里程 3.8 万千米），占世界 70%。中国已成为世界上高速铁路发展最快、系统技术最全、集成能力最强、运营里程最长、运营速度最高、在建规模最大的国家。通过"引进技术、消化、吸收、再创新"，特别是系统集成，完成高铁飞跃，中国用 5～10 年的时间，完成了其他国家 40 年走过的高铁历程。到 2020 年，世界逐步进入"高铁时代"，中国正站在世界铁路的前沿，共同应对全球性挑战，谋划未来，谱写高铁新篇章，如图 1.3 所示。

图 1.3 中国高铁铁路工程

1.3 系统工程的实现途径

系统工程不仅研究物质系统，还研究非物质系统，应用广泛；而一般工程技术以具体的物质系统为对象。系统工程也是一门高度综合性的管理工程技术，涉及应用数学、基础理论、系统技术科学以及经济学、管理学、社会学等各种学科。

1. 系统工程的实现内容

系统工程的主要任务是根据总体协调的需要，把自然科学和社会科学联系起来，应用现代数学和电子计算机等工具，对系统的构成要素、组织结构、信息交换和自动控制等功能进行分析研究，借以达到最优化设计、最优控制和最优管理的目标。系统工程的实现内容有：

（1）核心内容：一个"系统"，即以系统为研究对象。

（2）主要内容：两个"最优"，即总体效果最优、实现目标的具体方法或途径最优。

2. 系统工程的实现步骤

系统工程的基本方法是系统分析、系统设计与系统的综合评价(性能、费用和时间等)。系统工程的主要步骤有:

(1)系统规划(System Planning):基于系统的概念、目的、目标、制约条件等要求,要进行综合分析研究,提出详细的规划方案。

(2)系统设计(System Design):针对规划方案中相关内容,进行综合设计研究,设计效果要达到系统最优的效果。特别是在系统设计过程中,从可靠性工程出发,采取一系列设计措施以提高系统的可靠性和安全性水平,使其达到预定的性能指标。

(3)系统制造与运行(System Manufacturing and Operation):根据设计,进行系统制造或运行,但也要达到实现方法最优的效果。

总之,通过系统可靠性指标的分配和设计,进行系统优化设计,使系统在现有条件下具有一定的可靠性。

重点与难点

重点:① 系统的定义;② 系统的特性;③ 系统工程的定义。
难点:系统工程的实现步骤。

思考与练习

(1)系统有哪些特性?
(2)系统工程的特点是什么?
(3)请你举出一些系统工程的案例。
(4)系统工程的实现内容有哪些?
(5)系统工程的实现步骤有哪些?

第 2 章   可靠性概论

可靠性（Reliability）是一门综合系统科学、管理科学、人机工程、计算机技术、信息技术、产品测试技术以及概率、统计、运筹、物理等多种学科的应用科学。它研究产品或者系统的故障发生原因、消除及预防措施。可靠性起源于 20 世纪 50 年代，60 年代得到迅速发展，70 年代进入成熟阶段，至今仍在发展。综观可靠性近半个多世纪的发展历程，它在实际应用中有着极其重要的作用。对于产品来说，可靠性问题和人身安全、经济效益密切相关。因此，对产品的可靠性问题进行研究，就显得非常重要与迫切。

随着科技的进步，系统或产品的规模越来越大，产品的复杂性日益增加。因此，研究可靠性意义重大：保证系统的可靠性与可用性，可以延长使用寿命、降低维修费用、极大提高系统的使用效益；可以防止或者预防故障和事故的发生，尤其避免灾难性的事故发生，从而保证人民的生命财产安全；可以减少停机时间，提高系统可用率；对于企业来讲，提高产品的可靠性可以改善企业信誉，增强竞争力，扩大产品销路，从而提高经济效益，还可以减少产品责任赔偿案件的发生，以及其他处理产品事故费用的支出，避免不必要的经济损失。

2.1   可靠性的基本概念

可靠性是"产品在规定的条件下和规定的时间内，完成规定功能的能力"。把表示和衡量产品的可靠性的各种数量指标统称为可靠性特征量。可靠性特征量主要有：可靠度（Reliability）、失效（故障）概率密度（Failure Probability Density）、累积失效（故障）概率（Cumulative

Failure Probability）、失效（故障）率（Failure Rate）、平均寿命（Average Life）、可靠寿命（Reliable Life）、中位寿命（Median life）、特征寿命（Characteristics Life）等。可靠性按学科分类，一般可分为可靠性数学、可靠性工程、可靠性管理、可靠性物理等学科。

2.1.1 可靠性的定义

可靠性（Reliability）是一种表示元件、组件、部件、机器、设备或整个系统等产品，在正常使用条件下工作是否长期可靠、性能是否长期稳定的度量。可靠性除了有概率统计的概念外，还包含预期使用条件、工作的满意程度、正常工作时间的长短等内容。

1. 可靠性的基本定义

可靠性是系统在规定条件下和规定时间内，完成规定功能的能力。系统可靠性定义的要素有三个"规定"：

（1）条件。"规定条件"包括使用时的环境条件和工作条件。

（2）时间。"规定时间"是指系统规定了的任务时间。

（3）功能。"规定功能"是指系统规定了的必须具备的功能及其技术指标。

2. 可靠性的函数关系

可靠性就是系统在时间 t 内不失效的概率 $P(t)$。如果 T 为系统从开始工作到首次发生故障的时间，系统无故障工作的概率为

$$P(t) = P \ (T > t) \quad\quad (2.1)$$

基于式（2.1），可靠性 $P(t)$ 具有以下三条性质：

性质一：$P(t)$ 为时间的递减函数；

性质二：$0 \leqslant P(t) \leqslant 1$；

性质三：$P(t=0)=1, P(t=\infty)=0$。

因此，系统或设备的可靠性是一个与时间有密切关系的量，使用时间越长，系统越不可靠；使用时间越短，系统越可靠。

2.1.2　故障的定义

故障（Failure）是指系统或系统的一部分不能或将不能完成预定功能的事件或状态，即系统丧失了规定的功能。

1. 故障的相关概念

故障的相关概念主要有：失效、故障模式和故障机理。

（1）失效（Failure）：对于不可修的系统，其状态称作失效。

（2）故障模式（Failure Mode）：故障的表现形式，称作故障模式。

（3）故障机理（Failure Mechanism）：引起故障的物理化学变化等内在原因，称作故障机理。

2. 故障的分类

故障主要有三种分类方式：

（1）系统的故障按其故障规律分为两大类：偶然故障和渐变故障。

偶然故障（Random Failure）是指产品由于偶然因素引起的故障。

渐变故障（Gradual Failure）是指由于产品的规定性能随寿命单位数增加而逐渐变化引起的故障。

（2）系统的故障按其故障后果分为两大类：致命性故障和非致命性故障。

致命性故障（Critical Failure）是造成产品不能完成规定任务的或可能导致人或物发生重大损失的故障或故障组合；

非致命性故障（Uncritical Failure）是指不太可能导致人员伤亡、重要物件损伤或其他不可容忍后果的故障。

（3）系统的故障按其统计特性分为两大类：独立故障和从属故障。

独立故障（Independent Failure）是指不是由于另一产品故障而引起的故障。

从属故障（Dependent Failure）是指由于另一产品故障而引起的故障。

2.1.3　可靠度

可靠度（Reliability）是可靠性的度量，一般指的是产品在规定的条件下和规定的时间内，完成规定功能的概率。依定义可知，系统的可靠度是时间的函数：

$$R(t) = P(\xi > t)$$

式中　　$R(t)$——可靠度函数；

　　　　ξ——产品正常工作时间；

　　　　t——规定的时间。

　　事件$(\xi > t)$有三个含义：

（1）产品在t时间内完成规定的功能。

（2）产品在t时间内无障碍。

（3）产品的寿命ξ大于t。

　　显然，规定的时间t越短，系统完成规定功能可能性越大；规定的时间t越长，系统完成规定功能的可能性就越小。

　　由可靠度的定义可知，$R(t)$描述了产品在$(0,t)$时间段内完好的概率，且

$$0 \leqslant R(t) \leqslant 1 , \quad R(0) = R(+\infty) = 0$$

　　上述公式表明，开始使用时，所有的产品都是良好的，只要时间充分长，全部的产品都会失效。

　　如前所述，这个概率是真值，实际上是未知的。在实际应用中常用它的估值$\hat{R}(t)$。

　　假如在$t = 0$时有N_0件产品开始工作，而到t时刻，有$r(t)$个产品失效，仍有$N_0 - r(t)$个产品继续工作，则可靠度$R(t)$的估计值：

$$\hat{R}(t) = \frac{N_0 - r(t)}{N_0} = 1 - \frac{r(t)}{N_0}$$

式中：　N_0——当$t = 0$时，在规定条件下进行工作的产品数；

　　　　$r(t)$——在0到t时刻工作时间内产品的累计故障数。

　　由可靠度的定义可知，$R(t)$描述了产品在$(0,t)$时间内完好的概率，且$R(0) = 1$，$R(\infty) = 0$。

2.1.4　累积故障概率

　　产品在规定条件下和规定时间内，丧失规定功能的概率称为累积故障概率（又叫不可靠度）。

系统的累积故障概率 $F(t)$ 是时间的函数，即

$$F(t):P(T\leqslant t)$$

式中

$$F(t)=1-R(t)$$

且

$$F(0)=0, \quad F(+\infty)=1$$

累积失效概率 $F(t)$ 与可靠度 $R(t)$ 是相反关系（图 2.1），即 $R(t)+F(t)=1$。因此，累积失效概率为

$$F(t)=\frac{r(t)}{N_0}$$

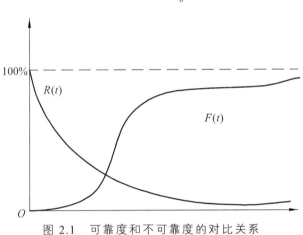

图 2.1　可靠度和不可靠度的对比关系

2.1.5　失效概率密度

失效概率密度（Failure Probability Density）是产品在包含 t 的单位时间内发生失效的概率，是累积失效概率对时间 t 的导数，记作 $f(t)$。它可表示为

$$f(t)=\frac{\mathrm{d}F(t)}{\mathrm{d}t}=F'(t)$$

故障密度函数 $f(t)$ 为

$$f(t)=-\frac{\mathrm{d}R(t)}{\mathrm{d}t}=\frac{\mathrm{d}F(t)}{\mathrm{d}t}$$

因此，$F(t)=\int_0^t f(x)\mathrm{d}x$。由积分函数的性质 $\int_0^\infty f(t)\mathrm{d}t=1$ 可知

$$R(t)=1-F(t)$$
$$=1-\int_0^t f(t)\mathrm{d}t$$
$$=\int_t^\infty f(t)\mathrm{d}t$$

可靠度函数与累积故障分布函数的性质之间的关系，如表 2.1 所示。

表 2.1　$R(t)$ 和 $F(t)$ 的性质

名　称	可靠度 $R(t)$	累积失效（故障）概率 $F(t)$
取值范围	[0，1]	[0，1]
单调性	非增函数	非减函数
对偶性	$1-F(t)$	$1-R(t)$

2.1.6　故障率函数

故障率函数（Failure Rate Function），也叫失效率函数。工作到某时刻尚未发生故障的产品或系统，在该时刻之后单位时间内发生故障的概率，称之为故障率。

失效率（瞬时失效率）（Failure）指工作到 t 时刻尚未失效的产品，在该时刻 t 后的单位时间内发生失效的概率，也称为失效率函数，记为 $\lambda(t)$。失效率用数学符号表示为

$$\lambda(t)=\frac{\mathrm{d}r(t)}{N_s(t)\mathrm{d}t}$$

式中　$\lambda(t)$——失效率；

　　　$\mathrm{d}r(t)$—— t 时刻后，$\mathrm{d}t$ 时间内故障的数量；

　　　$N_s(t)$——残存数量，即到 t 时刻尚未发生故障的数量。

1. 失效率的简化算法

由失效率的定义可知，在 t 时刻完好的产品，在 $(t,t+\Delta t)$ 时间内失效的概率为：$P(t<T\leqslant t+\Delta t\,|\,T>t)$。失效率可做如下计算：

$$\lambda(t) = \frac{\Delta r(t)}{N_s(t)\Delta t}$$

式中　　$\Delta r(t)$ —— t 时刻后，Δt 时间内故障的产品数；

　　　　Δt —— 所取时间间隔；

　　　　$N_s(t)$ —— 残存产品数。

2. 累积失效概率（不可靠度）与失效概率密度的关系

累积失效概率（不可靠度）与失效概率密度之间有着密切关系，是一种函数关系。因此，失效率表示为

$$\lambda(t) = \frac{F'(t)}{R(t)}$$

则累积失效概率（不可靠度）与失效概率密度的关系为

$$f(t) = \frac{\mathrm{d}F(t)}{\mathrm{d}t} = F'(t)$$

3. 失效率的单位

失效率 $\lambda(t)$ 是一个非常重要的特征量，它的单位通常用时间的倒数表示。但对目前具有高可靠性的产品来说，就需要采用更小的单位作为失效率的基本单位，因此失效率的基本单位用菲特（Fit）来定义。

注：①　1 菲特 $= 10^{-9}/\mathrm{h} = 10^{-6}/1000\,\mathrm{h}$；

②　1 菲特的意义是每 1 000 个产品工作 $10^6\,\mathrm{h}$，只有一个失效。

2.1.7　故障率与可靠度、故障密度函数的关系

故障率与可靠度、故障密度函数三者之间有一定的关系，这种关系可以用函数表达出来。由于故障率可表示为

$$\begin{aligned}
\lambda(t) &= \frac{\mathrm{d}r(t)}{N_s(t)\mathrm{d}t} \\
&= \frac{\mathrm{d}r(t)}{N_0(t)\mathrm{d}t} \cdot \frac{N_0(t)}{N_s(t)} \\
&= \frac{f(t)}{R(t)}
\end{aligned}$$

由密度函数的性质 $\int_0^\infty f(t)\mathrm{d}t = 1$ 可知，故障率与可靠度、故障密度函数有如下关系：

$$\lambda(t)\mathrm{d}t = -\frac{\mathrm{d}R(t)}{R(t)}$$

$$\int_0^t \lambda(t)\mathrm{d}t = -\ln R(t)\Big|_0^t$$

其中

$$R(t) = \mathrm{e}^{-\int_0^t \lambda(t)\mathrm{d}t}$$

可靠度函数

$$R(t) = \mathrm{e}^{-\lambda t}$$

注意：

$$R(0) = 1, \quad R(\infty) = 0$$

$$F(0) = 0, \quad F(\infty) = 1$$

$R(t)$，$F(t)$ 与 $f(t)$ 等之间的函数关系如图 2.2 所示。

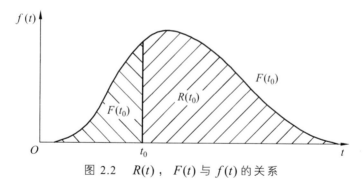

图 2.2　$R(t)$，$F(t)$ 与 $f(t)$ 的关系

2.2　可靠性的相关术语

可靠性的相关术语，主要包括寿命剖面、任务剖面、浴盆曲线、平均故障前时间、可维性、寿命等。

2.2.1　寿命剖面

　　寿命剖面（Life Profile）是指系统从制造到寿命终结或退出使用这段时间内所经历的全部事件和环境的时序描述。它包含一个或多个任务剖面，通常把系统的寿命剖面分为后勤和使用两个阶段。图 2.3 是寿命剖面的示例。

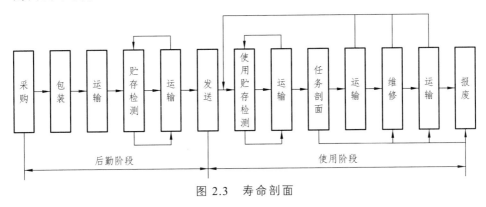

图 2.3　寿命剖面

2.2.2　任务剖面

　　任务剖面（Mission Profile）是指产品在完成规定任务这段时间内所经历的事件和环境的时序描述。任务剖面一般包括：

　　（1）产品的工作状态；

　　（2）维修方案；

　　（3）产品工作的时间与顺序；

　　（4）产品所处的环境（外加的与诱发的）的时间与顺序；

　　（5）任务成功或致命故障的定义。

2.2.3　浴盆曲线

　　浴盆曲线（Bathtub Curve），也叫失效率曲线，即大多数产品的故障率随时间的变化曲线形似浴盆（图 2.4、2.5）。由于产品故障机理的不同，产品的故障率随时间的变化大致可以分为三个阶段：

　　（1）早期失效期（第一段曲线）。第一段曲线是元件的早期失效期，表明元件开始使用时，它的失效率高，但迅速降低。由于设计、原材料、材料、生产等可能出现的原因而导致一个较高失效率的阶段，也称失效率递减阶段。此阶段的故障称为早期故障。

（2）偶然失效期（第二段曲线）。第二段曲线是元件的偶然失效期，其特点是失效率低且稳定，往往可近似看成是一常数。这一阶段产品失效率近似一个常数，只有随机失效产生，这一阶段的寿命也就是用户的使用寿命。此阶段的故障称为偶然故障。

（3）耗损失效期（第三段曲线）。第三段曲线是元件的耗损失效期，失效率随时间延长而急剧增大。这一阶段产品已达到设计寿命期限，进入报废阶段。此阶段的故障称为耗损故障。

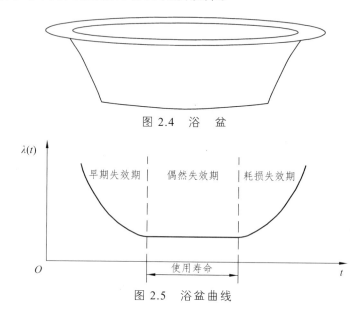

图 2.4 浴 盆

图 2.5 浴盆曲线

浴盘曲线的特征，如表 2.2 所示。

表 2.2 浴盆曲线的特征

	曲线段	失效时期	失效特征	失效类型
1	第一段曲线	早期失效	失效率随时间降低	递减型
2	第二段曲线	偶然失效	失效率低且平稳	恒定型
3	第三段曲线	耗损失效	失效率随时间增大	递增型

偶然失效期设 $\lambda(t) = \lambda$ ，则系统的可靠度为

$$R(t) = e^{-\int_0^t \lambda(t)dt}$$
$$= e^{-\lambda t}$$

故障发生规律并不是一开始就是浴盆曲线。随着时代的发展，产品的结构设计、采用技术、使用材料都在变化，因此故障发生规律并不是一成不变的。

2.2.4 平均寿命

系统可以分为不可修系统和可修系统，对应的，它们的平均寿命也可分为不可修系统的平均寿命和可修系统的平均寿命。

（1）不可修系统的平均寿命（Mean Time to Failure，MTTF）。不可修系统的平均寿命是指系统失效前的平均工作时间，记为 MTTF。

（2）可修系统的平均寿命（Mean Time between Failures，MTBF）。可修系统的平均寿命是指相邻两次故障间的平均工作时间，又称为平均无故障工作时间或平均故障间隔时间，记作 MTBF。

（3）平均寿命（Mean Time）。如果仅考虑首次失效前的一段工作时间，那么可将不可修系统和可修系统的平均寿命统称为平均寿命，记作 θ 。若产品失效密度函数 $f(t)$ 已知，由概率论中数学期望的定义，有

$$\theta = \int_0^{+\infty} t f(t)dt$$
$$= \int_0^{+\infty} t dF(t)$$
$$= -\int_0^{+\infty} t dR(t)$$
$$= -tR(t)\big|_0^{+\infty} + \int_0^{+\infty} R(t)dt$$
$$= \int_0^{+\infty} R(t)dt$$

2.2.5 平均故障前时间

平均故障前时间（Mean Time to First Failure, MTFF）是系统首次进入故障前的时间度量，它是表征系统可用性的重要指标之一。

19

设 N_0 个不可修复的产品在同样条件下进行试验,测得其全部故障时间为 t_1,t_2,$\cdots$,t_{N_0}。其平均故障前时间:

$$T_{TF} = \frac{1}{N_0}\sum_{i=1}^{N_0} t_i$$

式中　T_{TF}——平均故障前时间。

当 N_0 趋向无穷时,T_{TF} 为产品故障时间这一随机变量的数学期望,因此可得

$$T_{TF} = \int_0^\infty tf(t)\mathrm{d}t$$
$$= \int_0^\infty R(t)\mathrm{d}t$$

当产品的寿命服从指数分布时,有

$$T_{TF} = \int_0^\infty \mathrm{e}^{-\lambda t}\mathrm{d}t$$
$$= \frac{1}{\lambda}$$

2.2.6　平均故障间隔时间

平均故障间隔时间(Mean Time between Failure, MTBF)是指产品或系统在两相邻故障间隔期内正确工作的平均时间,也称平均无故障工作时间。

一个可修系统在使用过程中发生了 N_0 次故障,每次故障修复后又重新投入使用,测得其每次工作持续时间为 t_1,t_2,$\cdots$,t_{N_0}。其平均故障间隔时间为

$$T_{BF} = \frac{1}{N_0}\sum_{i=1}^{N_0} t_i$$
$$= \frac{T}{N_0}$$

式中　T——产品总的工作时间。

显然,系统的平均故障间隔时间与系统的维修效果有关,产品典型的修复状态有基本修复和完全修复两种。

2.2.7　可维性

对于可修复产品，只考虑其发生故障的概率显然是不合适的，还应考虑被修复的可能性。因此，系统可靠性涉及如下概念：

（1）维修（Service），是指为保持和恢复产品完成规定的功能而采取的技术和管理措施。

（2）可维性（Serviceability），是指系统在给定时间内，按规定的程序和方法进行维修时，保持或恢复到能完成规定功能的能力。它通常是从判定故障到排除故障所需要的时间，包括故障诊断、故障定位、系统校正和恢复等时间，是系统维护效率的度量。

（3）可保持性（Maintainability），是指系统在给定时间内，可隔离故障或修复的概率。它表征了系统可以正常运行的概率。它是自动故障处理系统中的一个重要指标，也是反映维护人员对系统保养好坏程度的一个重要指标。

（4）有效性（Availability），也叫可用性或利用率，是可维修系统在某时刻具有或维持规定功能的能力，即系统在执行任务的任意时刻能正常工作的概率。因此，有效性的规定条件包括产品的工作条件和维修条件。有效性也是一个反映可维修产品使用效率的广义可靠性尺度。

（5）有效度（Validity），也叫可用度，是指可维修的产品在规定的条件下使用时，在某时刻具有或维持其功能的概率。对于不可维修的产品，有效度等于可靠度。

有效度是时间的函数，故又称有效度函数，记为 $A(t)$。它分为瞬时有效度、平均有效度、稳态有效度和固有有效度等四种形式。

① 瞬时有效度（Transient Validity）：瞬时有效度又称瞬时利用率，指在某一特定瞬时，可维修的产品保持正常工作的概率，记为 $A(t)$。瞬时有效度常用于理论分析，而不使用于实践。

② 平均有效度（Mean Validity）：平均有效度又称任务有效度，指可维修产品在一时间区间的平均值，记为 $\overline{A}(t)$。

在 $[0,t]$ 时间内，平均有效度：

$$\overline{A}(t) = \frac{1}{t}\int_0^t A(t)\mathrm{d}t$$

在 $[t_1, t_2]$ 时间内，平均有效度：

$$\overline{A}(t) = \frac{1}{t_2 - t_1} \int_{t_1}^{t_2} A(t) \mathrm{d}t$$

③ 稳态有效度（Steady State Validity）：稳态有效度又称为时间有效度或可工作时间比，是时间 t 趋近于 ∞ 的瞬时有效度，记为 $A(\infty)$ 或 A。

$$A(\infty) = A = \frac{U}{U + D}$$
$$= \frac{MTBF}{MTBF + MTTR}$$

式中 U——可维修产品平均能正常工作的时间，h；

   D——产品平均不能工作的时间，h；

   $MTBF$——可修产品的平均无故障工作时间，h；

   $MTTR$——可修产品的平均修理时间，即平均修复时间，h。

如果指数分布的可靠度 $R(t) = \mathrm{e}^{-\lambda t}$，维修度 $M(t) = 1 - \mathrm{e}^{-\lambda t}$，则稳态有效度：

$$A = \frac{\mu}{\mu + \lambda}$$

④ 固有有效度（Inherent Validity）：固有有效度是事后维修，它分析的是实际不能工作的时间。

$$A = \frac{MTBF}{MTBF + MADT}$$

式中   MADT（Mean Active down Time）——平均实际不能工作的时间。

固有有效度与稳态有效度的区别：稳态有效度是时间 t 趋近于 ∞ 的瞬时有效度。

$$A(\infty) = \frac{MTBF}{MTBF + MTTR}$$

对可修复系统，在考虑到可靠性和维修性时，综合评价的尺度就是有效度 $A(t)$，它表示产品在规定条件下保持规定功能的能力，即

$$A(t) = \frac{MTBF}{MTBF + MTTR}$$

因此，MTBF 反映了可靠性的含义，MTTR 反映了维修活动的一种能力。两者结合即为固有有效度 $A(t)$。

（6）维修性（Maintainability），是指在规定的条件下使用的可维修产品，在规定的时间内，按规定的程序和方法进行维修时，保持或恢复到系统能完成规定功能的能力。

维修性对应产品的可靠性，维修性的特征量有三个：维修度 $M(t)$、修复率 $\mu(t)$、平均修复时间 $MTTR$。

① 维修度（Maintainability）：产品维修时间 Y 所服从的分布称为维修分布，记为 $G(t)$。维修度是指在规定的条件下使用的产品发生故障后，在规定的时间 $(0,t)$ 内完成修复的概率，记为 $M(t)$。

$$M(t) = P(Y \leqslant t)$$
$$= G(t)$$

维修度是时间（维修时间 t）的函数，故又称维修度函数 $M(t)$。它表示当 $t=0$ 时，处于失效或完全故障状态的全部产品在 t 时刻前经修复后有百分之多少恢复到正常功能的累积概率。所以，维修度 $M(t)$ 对应产品的累积失效概率 $F(t)$ 如图 2.6 所示。

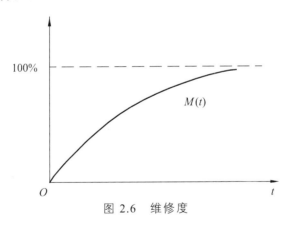

图 2.6　维修度

② 修复率（Maintenance Rate）：修复率指修理时间已达到某一时刻但尚未修复的产品在该时刻后的单位时间内完成修理的概率，记为 $\mu(t)$。修复率 $\mu(t)$ 对应于产品的失效率 $\lambda(t)$，其公式为

$$\mu(t) = \frac{dM(t)}{(1 - M(t))dt}$$

③ 平均修复时间（Mean Time to Repair，MTTR）：平均修复时间是指产品修复时间的平均值，其估计值为修复时间总和与修复次数之比，也可理解为产品修复时间的数学期望，修复时间是一个随机变量。当维修时间服从指数分布时：

$$MTTR = \int_0^\infty t\mu e^{-\mu t}\mathrm{d}t = \frac{1}{\mu}$$

平均修复时间对应于可修产品的平均工作时间（平均寿命）即 MTBF。系统的 MTTR 与 MTBF 有关。从提高系统可用性角度来看，提高 MTTR 比减少故障数更为有效。

$$MTTR = \int_0^\infty t\mathrm{d}M(t)$$

式中，$M(t)$ 服从指数分布 $M(t) = 1 - e^{-\mu t}$。

如果维修时间服从指数分布 $MTTR = \frac{1}{\mu}$，则

$$MTBF = \int_0^\infty R(t)\mathrm{d}t$$

如果 $R(t) = e^{-\lambda t}$ 服从指数分布，则

$$MTBF = \int_0^{+\infty} R(t)\mathrm{d}t = \frac{1}{\lambda}$$

总之，可靠度与维修度之间的关系如表 2.3 所示。

表 2.3　可靠度与维修度之间的关系

名称	可靠度	维修度
累积分布函数	可靠度函数 $R(t)$	$1 - M(\tau)$
	不可靠度函数 $F(t)$	维修度函数 $M(\tau)$
密度函数	失效密度 $f(t) = \mathrm{d}F(t)/\mathrm{d}t$	维修概率密度 $m(\tau) = \mathrm{d}M(\tau)/\mathrm{d}\tau$
（单位时间）率	失效率 $\lambda(t) = f(t)/R(t)$	修复率 $\mu(\tau) = m(\tau)/[1 - M(\tau)]$

2.2.8　可靠性寿命

可靠性寿命是系统可靠性的主要内容,涉及可靠性寿命类型和寿命分布等知识。系统可靠性寿命分为可靠寿命和使用寿命。

可靠寿命(Reliable Life)是指给定的可靠度所对应的系统或产品工作时间。

使用寿命(Application Life)是指系统或产品在规定的使用条件下,具有可接受的故障率的工作时间区间。

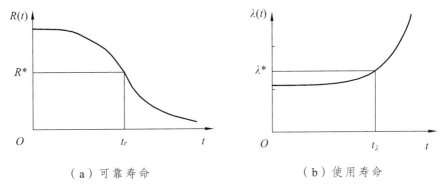

(a)可靠寿命　　　　　　　　　　(b)使用寿命

图 2.7　可靠寿命及使用寿命曲线

1. **寿命分布**(Life Distribution)

寿命分布(或称故障分布、或称失效分布)是可靠性工程应用和可靠性研究的基础。其类型各种各样,某一类分布适用于具有共同故障机理的某类产品,它与装备的故障机理、故障模式以及施加的应力类型有关。系统或产品的寿命分布是产品故障规律的具体体现,分析寿命分布的过程,实际上是从可靠性角度对产品进行分类的过程,从而达到在理论上对可靠性研究的深化,在工程上对可靠性的分析、试验、验证、评估等的定量化。

确定产品的寿命分布类型有重要意义,但要判断它属于哪种分布类型仍很困难。目前常用方法有两种:一种是通过失效物理分析来证实该产品的故障模式或失效机理近似地符合于某种类型分布;另一种是通过可靠性试验,利用数理统计判断方法来确定其分布。

2. 首次期、翻修期限和使用寿命的关系

首次期、翻修期限和使用寿命等三者之间有一定的关系，也有一定的区别。

首次翻修期限（首翻期）（First Refurbishment Period）是指在规定条件下，产品从开始使用到首次翻修的工作时间和（或）日历持续时间。

翻修（Refurbishment）是指把产品分解成零部件，清洗、检查，并通过修复或替换故障零部件，恢复产品寿命，等于或接近其首翻期的修理。

① 翻修间隔期限（Refurbishment Interval Period）指在规定条件下，产品两次相继翻修间的工作时间、循环次数和（或）日历持续时间。

② 总寿命（Total life）指在规定条件下，产品从开始使用到规定报废的工作时间、循环次数和（或）日历持续时间。

③ 贮存期限（Storage Period）指在规定条件下，产品能够贮存的日历持续时间，在此时间内，产品启封使用能满足规定要求。

2.3　可靠性的数学知识

可靠性的数学知识主要涉及分布函数问题。不同分布函数，就有不同的数学期望、方差、可靠度等函数关系。因而，不同的系统就有不同的分布函数 $F(t)$、可靠度函数 $R(t)$、故障率函数 $\lambda(t)$ 等特征函数。而系统可靠性中常见的概率分布有：二项分布函数、泊松分布函数、指数分布函数、正态分布函数、截尾正态分布函数、对数正态分布函数和威布尔分布函数等 7 种函数。

（1）离散型概率分布函数（Discrete Probability Distribution Function）：主要有二项分布函数和泊松分布函数。

（2）连续型概率分布函数（Continuousprobability Distribution Function）：主要有指数分布函数、正态分布函数、截尾正态分布函数、对数正态分布函数和威布尔分布函数等函数。

2.3.1　二项分布函数

二项分布（Binomial Distribution）就是重复 n 次独立的伯努利试验。每次试验只有两种可能的结果，而且两种结果发生与否互相对立，并且相互独立，与其他各次试验结果无关，事件发生与否的概率在每一次独立试验中都保持不变。二项分布函数（Binomial Distribution Function）适用于一次试验中只能出现两种结果的场合，如成功与失败、命中与未命中、次品与合格品等，这两种结果的事件分别用 A 与 $\overline{A}$ 表示，设它们发生的概率分别为 $P(A)=P$，$P(\overline{A})=1-P$，现在独立地重复做 n 次试验，那么在 n 次试验中事件 A 恰好发生 k 次的概率是多少？

二项分布函数$(X \sim B(n, p))$又称伯努利分布函数（Binomial Distribution Function）。以 X 表示在 n 重独立试验中事件 A 发生的次数，则 X 是一个随机变量，它的可能取值为 0，1，$\cdots$，k，$\cdots$，n，共 $n+1$ 种，这时 X 服从的概率分布称为二项分布。假设二项分布满足：

（1）试验次数 n 是一定的；

（2）每次实验结果只有成功或者失败，成功概率为 p，失败概率为 q，满足 $p+q=1$；

（3）所有实验都是相互独立的，

则二项分布的特征向量函数为

二项分布的数学期望（Expectation）：

$$E(X) = np$$

二项分布的方差（Variance）：

$$D(X) = \sigma^2 = npq = np(1-p)$$

二项分布的可靠度（Reliability）：

$$R(X) = \sum_{k=1}^{n} C_n^k \cdot p^k \cdot q^{n-k}$$

二项分布函数的用途很广泛，如在可靠性设计中，可用来解决冗余部件的可靠度分配问题。

2.3.2　泊松分布函数

泊松分布（Poisson Distribution），是概率统计里一种常见的离散概率分布，由法国数学家西莫恩·德尼·泊松（Siméon-Denis Poisson）在 1838 年提出。二项分布在抽样数 n 很大而 p 较小时：

$$\lim_{n \to \infty} C_n^k p^k q^{n-k} = \frac{\lambda^k}{k!} e^{-\lambda}$$

$$\lambda = np > 0$$

离散型概率分布函数中的泊松分布函数（Poisson Distribution Function），也称概率分布函数（Probability Distribution Function），即

$$P(X = k) = \frac{\lambda^k}{k!} e^{-\lambda}$$

其中

$$P(X = k) = \frac{\lambda^k}{k!} e^{-\lambda}, \lambda > 0, k = 0, 1, 2, \cdots$$

对于泊松分布函数，其数学期望、方差、可靠度分别为

泊松分布的数学期望：

$$E(X) = \lambda$$

泊松分布的方差：

$$D(X) = \lambda$$

泊松分布的可靠度：

$$R(X) = \sum_{k=x}^{n} \frac{\lambda^k}{k!} e^{-\lambda}$$

随机变量 X 的取值不大于 k 次的累积分布函数：

$$F(k) = P(X \leqslant k)$$
$$= \sum_{r=0}^{k} \frac{\lambda^r}{r!} e^{-\lambda}$$

2.3.3　正态分布函数

正态分布函数（Normal Distribution Function），也称常态分布函数，最早由 A. 棣莫弗在求二项分布的渐近公式中得到。正态分布函数$(X \sim N(\mu, \sigma^2))$，即高斯分布函数，是电子产品可靠性计算中常用的系统寿命分布类型。

若随机变量 X 的密度函数为

$$f(t) = \frac{1}{\sqrt{2\pi}\sigma} \exp\left[-\frac{(t-\mu)^2}{2\sigma^2}\right]$$

则称 X 服从正态分布，有

正态分布的分布函数：

$$
\begin{aligned}
F(t) &= \int_0^t f(t)\mathrm{d}t \\
&= \frac{1}{\sqrt{2\pi}\sigma} \int_0^t \exp\left[-\frac{(t-\mu)^2}{2\sigma^2}\right]\mathrm{d}t
\end{aligned}
$$

正态分布的可靠度函数：

$$
\begin{aligned}
R(t) &= 1 - F(t) \\
&= \frac{1}{\sqrt{2\pi}\sigma} \int_t^\infty \exp\left[-\frac{(t-\mu)^2}{2\sigma^2}\right]\mathrm{d}t
\end{aligned}
$$

正态分布的故障率函数：

$$
\begin{aligned}
\lambda(t) &= \frac{f(t)}{R(t)} \\
&= \frac{\exp\left[\dfrac{-(t-\mu)^2}{2\sigma^2}\right]}{\displaystyle\int_t^\infty \exp\left[\dfrac{-(t-\mu)^2}{2\sigma^2}\right]\mathrm{d}t}
\end{aligned}
$$

式中　$F(t)$——分布函数；

　　　$R(t)$——可靠度函数；

　　　$\lambda(t)$——故障率函数。

2.3.4 对数正态分布函数

对数正态分布（Logarithmic Normal Distribution）是指一个随机变量的对数服从正态分布，则该随机变量服从对数正态分布。对数正态分布从短期来看，与正态分布非常接近。对数正态分布函数（Logarithmic Normal Distribution Function）是随机变量的自然对数如服从均值为 μ 和标准差 σ 的正态分布函数。这里，μ 和 σ 不是随机变量 t 的均值和标准差，而是 $\ln t$ 的均值和标准差。若 X 是一个随机变量，且随机变量 $Y = \ln X$ 服从正态分布 $N(\mu,\sigma^2)$，则

对数正态分布的密度函数：

$$f(t) = \frac{1}{\sqrt{2\pi}\sigma t}\exp\left[-\frac{(\ln t - \mu)^2}{2\sigma^2}\right]$$

对数正态分布的分布函数：

$$F(t) = \int_0^t \frac{1}{\sqrt{2\pi}\sigma t}\exp\left[-\frac{(\ln t - \mu)^2}{2\sigma^2}\right]\mathrm{d}t$$

对数正态分布的期望值：

$$E(t) = \int_0^\infty tf(t)\mathrm{d}t$$
$$= \frac{1}{\sqrt{2\pi}\sigma}\int_0^\infty \exp\left[-\frac{(\ln t - \mu)^2}{2\sigma^2}\right]\mathrm{d}t$$

令 $x = \ln t$，可得

$$E(t) = \int_{-\infty}^\infty \frac{\mathrm{e}^x}{\sqrt{2\pi}\sigma}\exp\left[-\frac{(x-\mu)^2}{2\sigma^2}\right]\mathrm{d}x$$

再令 $x - \mu = y$，可得

$$E(t) = \mathrm{e}^\mu \int_{-\infty}^\infty \frac{\mathrm{e}^y}{\sqrt{2\pi}\sigma}\exp\left[-\frac{(y)^2}{2\sigma^2}\right]\mathrm{d}y$$

考虑到

$$\mathrm{e}^y = 1 + y + \frac{y^2}{2!} + \frac{y^3}{3!} + \cdots$$

则

$$E(t) = e^{\mu}\left[E(y^0) + E(y^1) + \frac{E(y^2)}{2!} + \frac{E(y^3)}{3!} + \cdots\right]$$
$$= e^{\mu}\left[1 + + \frac{\sigma^2}{2} + \frac{\sigma^4}{8} + \cdots\right]$$
$$= e^{\mu}(e^{\frac{\sigma^2}{2}})$$

对数正态分布的方差：

$$D(t) = \sigma^2$$
$$= \exp(2\mu + 2\sigma^2) - \exp(2\mu + \sigma^2)$$

2.3.5　指数分布函数

指数分布函数（Exponential Distribution Function）是描述泊松过程中的事件之间的时间的概率分布，即事件以恒定平均速率连续且独立地发生的过程。

若 X 是一个非负的随机变量；且密度函数为

$$f(x) = \begin{cases} \lambda e^{-\lambda x}, & x \geqslant 0,\ \lambda > 0 \\ 0, & x < 0 \end{cases}$$

则称 X 服从参数为 λ 的指数分布，记为 $e(\lambda)$，是指数分布的失效率，λ 为常数，如图 2.8 所示。

可靠性特征量如下：指数分布函数的可靠度、指数分布的失效率函数、指数分布的平均寿命函数、指数分布的寿命方差函数。

指数分布函数的可靠度：

$$R(t) = 1 - F(t) = e^{-\lambda t}, t \geqslant 0$$

指数分布的失效率函数：

$$\lambda(t) = \frac{f(t)}{R(t)} = \lambda, t \geqslant 0$$

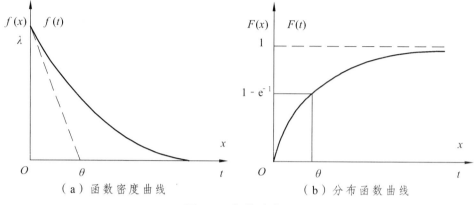

图 2.8　指数分布

指数分布的平均寿命函数:

$$MTTF = \int_0^{\infty} e^{-\lambda t} dt$$
$$= \frac{1}{\lambda} = \theta$$

指数分布的寿命方差函数:

$$D(T) = E(T^2) - (ET)^2$$
$$= \frac{1}{\lambda^2}$$

指数分布的重要特征有:

(1) 当失效率为常数时, 其寿命服从指数分布;

(2) 平均寿命与失效率互为倒数;

(3) 平均寿命在数值上等于特征寿命。

2.3.6　威布尔分布函数

威布尔分布 (Weibull Distribution) 也叫韦布尔分布, 又称韦氏分布, 是可靠性分析和寿命检验的理论基础。威布尔分布函数 (Weibull Distribution Function) 是瑞典物理学家在分析材料强度及链条强度时推导出的一种双参数分布函数。威布尔分布对于各种类型的试验数据拟合的能力强，如指数分布只能适应于偶然失效期，而威布尔分布对于浴盆曲线的三个失效期都能适应。因此，它的使用范围很广，是在可靠性工程中广泛使用的连续型分布。如果说指数分布函数常用来描述系统寿命的话，那么威布尔分布函数则常用来描述零件的寿命。

威布尔分布的故障率函数：

$$\lambda(t) = \frac{\beta t^{\beta-1}}{\alpha^{\beta}}$$

威布尔分布的密度函数：

$$f(t) = \frac{\beta}{\alpha}\left(\frac{t}{\alpha}\right)^{\beta-1} \exp\left[-\left(\frac{t}{\alpha}\right)^{\beta}\right]$$

则

威布尔分布的可靠度函数：

$$R(t) = \exp\left[-\left(\frac{t}{\alpha}\right)^{\beta}\right]$$

威布尔分布的分布函数：

$$F(t) = 1 - \exp\left[-\left(\frac{t}{\alpha}\right)^{\beta}\right]$$

式中，$\alpha > 0$，$\beta > 0$，$t \geq 0$。

（1）当 $\beta = 1$ 时，威布尔分布简化为指数分布，即

$$\lambda(t) = \frac{1}{\alpha}$$

$$f(t) = \frac{1}{\alpha}\exp\left(-\frac{t}{\alpha}\right)$$

平均故障前时间：

$$MTTF = \alpha$$

（2）当 $\beta = 2$ 时，威布尔分布可简化为瑞利分布函数（Rayleigh Distribution），即

$$\lambda(t) = \left(\frac{2}{\alpha^2}\right)t$$

$$f(t) = \left(\frac{2}{\alpha^2}\right) t \exp\left[-\left(\frac{t}{\alpha}\right)^2\right]$$

（3）当 $\beta < 1$ 时，故障率呈下降趋势；当 $\beta = 1$ 时，故障率为常数；当 $\beta > 1$ 时，故障率呈上升趋势。

根据以下定义

$$\mu = E(t)$$
$$= \int_0^\infty t f(t) \mathrm{d}t$$

经过计算，可得

威布尔分布的均值：

$$\mu = \alpha \Gamma\left(1 + \frac{1}{\beta}\right)$$

式中 Γ 为 Gamma 函数，即

$$\Gamma(x) = \int_0^\infty t^{x-1} \mathrm{e}^{-1} \mathrm{d}t, \quad x > 0$$

威布尔分布的方差：

$$D(t) = \sigma^2 = \int_0^\infty t^2 f(t) \mathrm{d}t - \mu^2$$

$$\sigma^2 = \alpha^2 \left[\Gamma\left(1 + \frac{2}{\beta}\right) - \Gamma^2\left(1 + \frac{1}{\beta}\right)\right]$$

2.3.7 极值分布函数

极值分布是指在概率论中极大值（或者极小值）的概率分布，从很多个彼此独立的值中挑出来的各个极大值应当服从的概率密度分布数 $f(x)$。若 X_1，X_2，$\cdots$，X_n 是一组随机变量，相应的极值分布函数分别为 F_1，F_2，$\cdots$，F_n。Y 是这 n 个量的最大值，其对应的分布函数 $F_Y(y)$ 成为最大极值分布函数。按照分布函数的定义：

$$F_Y(y) = P(Y \leqslant y)$$

$F_Y(y)$ 又可表达为

$$F_Y(y) = P[(X_1 \leqslant y)(X_2 \leqslant y) \cdots (X_n \leqslant y)]$$

假设上式 X_i 之间是相互独立的，则有

$$F_Y(y) = \prod_{i=1}^{n} P(X_i \leqslant y)$$

这里的随机变量 X_i 的分布函数 $F_i(y)$ 与 $P(X_i \leqslant y)$ 是相同的，因此可建立起单个分布函数与最大极值分布函数间的关系，即

$$F_Y(y) = \prod_{i=1}^{n} F_i(y)$$

如果这 n 个随机变量均服从同一分布，其共同的分布函数记为 $F(y)$，则

$$F_Y(y) = [F(y)]^n$$

对应的密度函数为

$$f_Y(y) = \frac{\mathrm{d}F_Y(y)}{\mathrm{d}y}$$
$$= n[F(y)]^{n-1} f(y)$$

用相似的方法可建立母分布函数与最小极值分布函数间的关系。令 Z 为 n 个随机变量中的最小者，记 $F_z(z)$ 是 Z 的分布函数，则

$$F_z(z) = P(Z \leqslant z) = 1 - P(Z > z)$$

$$P(Z > z) = P[(X_1 > z)(X_2 > z) \cdots (X_n > z)]$$

假设上式 X_i 之间是相互独立的，则有

$$P(Z > z) = \prod_{i=1}^{n} P(X_i > z)$$

$$F_i(z) = P(Z \leqslant z) = 1 - P(X_i > z)$$

所以

$$P(X_i > z) = 1 - F_i(z)$$

$$P(Z > z) = \prod_{i=1}^{n} [1 - F_i(z)]$$

则

$$F_z(z) = 1 - \prod_{i=1}^{n}[1 - F_i(z)]$$

假如 n 个随机变量都具有同一分布函数 $F(z)$，则最小极值分布函数 $F_z(z)$ 可表示为

$$F_z(z) = 1 - [1 - F(z)]^n$$

对应的密度函数为

$$f_z(z) = n[1 - F(z)]^{n-1} f(z)$$

$$f(z) = \frac{\mathrm{d}F(z)}{\mathrm{d}z}$$

常见的渐近极值分布函数有三种。

1. Ⅰ 型极值分布函数

Ⅰ 型极值分布函数又称耿贝尔（Gumbel）型极值分布函数，适用于取值在 $-\infty \sim +\infty$ 之间的随机变量。研究表明，在 n 很大的极值情况下，指数型和正态型的母分布函数演化为 Ⅰ 型极值分布函数。

令 y_m 是随机变量 y 中的一个，其密度函数 $f_Y(y)$ 为最大，并令 $\beta > 0$ 为一常数，用来描述随机变量的分散程度，则有

$$F_Y(y) = \exp\left\{-\exp\left[-\left(\frac{y - y_m}{\beta}\right)\right]\right\}$$

$$F_Z(z) = \exp\left\{-\exp\left[-\left(\frac{y - y_m}{\beta}\right)\right]\right\}$$

式中，$y \geqslant -\infty$ 或者 $z \leqslant +\infty$，$\beta > 0$。

2. Ⅱ 型极值分布函数

Ⅱ 型极值分布函数又称 Frecht 型极值分布函数。如果限定在坐标轴的左半部的随机变量为零，当 n 很大时，最大极值分布将转向 Ⅱ 型。同理，

如果限定在坐标轴的右半部的随机变量为零，当 n 很大时，最小极值分布转向Ⅱ型。

Ⅱ型极值的分布函数为

$$F_Y(y) = \exp\left[-\left(\frac{y}{\beta} \right)^{-m} \right]$$

$$F_Z(z) = \mathrm{e} - \exp\left[-\left(\frac{-z}{\beta} \right)^{-m} \right]$$

式中，$y \geqslant 0$，$z \leqslant 0$，$\beta > 0$，$m > 0$。

3. Ⅲ型极值分布函数

Ⅲ型极值分布函数又称 Weibull 型极值分布函数。若随机变量向右取到有限值 y_1，当 n 很大时，最大极值分布转向Ⅲ型。同理，随机变量向左取到有限值 y_1，当 n 很大时，最小极值分布转向Ⅲ型。

Ⅲ型极值的分布函数为

$$F_Y(y) = \exp\left[-\left(\frac{y_1 - y}{\beta} \right)^{m} \right]$$

$$F_Z(z) = 1 - \exp\left[-\left(\frac{z - y_1}{\beta} \right)^{m} \right].$$

式中，$y \leqslant y_1$，$y_1 \leqslant z$，$\beta > 0$，$m > 0$。

现给出一种Ⅲ型极值分布函数的特殊情况：

$$f(t) = \mathrm{e}^t \mathrm{e}^{-\mathrm{e}^t}$$

其对应的可靠度函数和故障率函数为

$$R(t) = 1 - \int_0^t \mathrm{e}^\xi \mathrm{e}^{-\mathrm{e}^\xi} \, \mathrm{d}\xi$$

$$\lambda(t) = \mathrm{e}^t$$

将故障率函数表示为

$$\lambda(t) = K \mathrm{e}^{\alpha t}, \quad \alpha > 0$$

这种模型称为指数型故障模型。其密度函数和可靠度函数分别为

$$f(t) = Ke^{\alpha t} \exp\left[-\frac{K}{\alpha}(e^{\alpha t} - 1)\right]$$

$$R(t) = \exp\left[-\frac{K}{\alpha}(e^{\alpha t} - 1)\right]$$

2.4 可靠性参数体系

可靠性参数是描述系统可靠性的度量。它直接与战备完好、任务成功、维修人力费用和保障资源费用等有关。而可靠性指标是可靠性参数要求的量值。

2.4.1 可靠性参数

可靠性参数（Reliability Parameters）指标分为使用可靠性参数指标、合同可靠性参数指标。使用可靠性参数指标反映了系统及其保障因素在计划的使用和保障环境中的可靠性要求，它是从最终用户的角度来评价产品的可靠性水平的。可靠性参数较多，主要的可靠性参数有：

（1）平均故障间隔小时（Mean Hours between Failure，MHBF）：产品或系统在两相邻故障间隔期内正确工作的平均小时，也称平均无故障工小时。

（2）平均维修间隔时间（Mean Time between Maintenance，MTBM）：在规定的条件下和规定的时间内，产品寿命单位总数与该产品计划和非计划维修时间总数之比。

（3）完成任务的成功概率（Miss Completion Success Probability，MCSP）：在规定的条件下和规定的时间内，系统能完成规定任务的概率。

（4）致命故障间的任务时间（Miss Task Time between Fatal Faults，MTBCF）：在规定的一系列任务剖面中，产品任务总时间与致命性故障数之比。

（5）平均修复时间（Mean Time to Repair，MTTR）：在规定的条件下

和规定的时间内，产品在任一规定的维修级别上，修复性维修总时间与该级别上被修复产品的故障总数之比。

（6）平均拆卸间隔时间（Mean Time between Repairs，MTBR）：在规定的时间内，系统寿命单位总数与从该系统上拆下的产品总次数之比。

2.4.2　可靠性参数特性

由于可靠性参数分为使用可靠性参数、合同可靠性参数，因此可靠性参数具有多元化的特性。

（1）综合性（Comprehensiveness）。某些可靠性参数是其他可靠性、维修性参数的综合表示，即产品或系统的平均故障间隔时间与平均故障间隔时间、平均修复时间的和之比。

（2）相关性（Relativity）。使用参数与合同参数之间相互关联，可以按照一定的规律进行转换。

（3）阶段性（Periodicity）。产品可靠性，具有阶段性。在不同的研制阶段具有增长性。

2.4.3　可靠性参数分类

可靠性设计需要综合权衡完成规定功能和减少用户费用两方面的需求，可靠性分为基本可靠性和任务可靠性，其对应的参数称为基本可靠性参数和任务可靠性参数。

1. 基本可靠性参数（Basic Reliability Parameters）

基本可靠性是指产品在规定的条件下和规定的时间内，无故障工作的能力。任务可靠性是指按要求完成该任务的可能性，部件失效不会导致任务失败，也就是考虑实际冗余的可靠性。基本可靠性参数反映了产品对维修人力费用和后勤保障资源的需求。确定基本可靠性指标时，应统计产品的所有寿命单位和所有的故障，常见的参数有平均故障间隔小时等。

2. 任务可靠性参数（Mission Reliability Parameters）

任务可靠性是指食品在规定的任务剖面内完成规定功能的能力。其中，任务剖面是指产品在完成规定的任务这段时间内所经历的全部事件和环境的时序描述。任务可靠性参数是产品在规定的任务剖面中完成规定功能的能力。确定任务可靠性指标时，仅需考虑在任务期间那些影响任务完成的故障（即致命性故障），常见参数有任务可靠度等。

重点与难点

重点：① 可靠性的定义；② 故障的定义及分类；③ 故障率的计算。
难点：① 故障率与可靠度、故障密度函数的关系；② 浴盆曲线。

思考与练习

（1）故障率是如何计算的（以例 1 为例）？
（2）故障率与可靠度、故障密度函数的关系是什么？
（3）可靠度与维修度之间的关系是什么？
（4）浴盆曲线有什么特征？
（5）可靠度与维修度之间有什么关系？

第 3 章　　系统可靠性分析

系统是为了完成某一特定功能，由若干个彼此有联系又能相互协调工作的单元所组成的综合体。系统的可靠性取决于元件的可靠性和系统的结构图。"系统""单元"等相对概念，可以按产品层次划分为零部件、组件、设备、分系统、系统中任何相对的两层。其中："系统"包含"单元"，其层次高于"单元"，而产品可以指任何层次。

系统可以分为不可修复系统和可修复系统两种。其具有的特征如表 3.1 所示。

表 3.1　不可修复系统和可修复系统的特征

名　　称	技　　术	经　　济	修复次数
不可修复系统	不能修复	不值得修复	没必要修复（一次性）
可修复系统	能修复	值得修复	有必要修复（反复性）

（1）不可修复系统（Non-repairable System）。不可修复系统指系统或组成单元一旦发生故障，不再修复，处于报废状态的系统。

（2）可修复系统（Repairable System）。可修复系统是指通过维修而恢复功能的系统。

3.1　系统可靠性概述

研究系统可靠性的目标是在元件故障数据和系统结构已知的情况下，

预测此系统的可靠性，并用某些关键事件或故障事件的概率、频率、平均持续时间等可靠性指标来描述系统的可靠性。在完成预定功能的前提下，使系统的技术性能、重量指标、制造成本及使用寿命协调并最优，或者在性能、重量、成本、寿命和其他要求的约束下，设计出高可靠性系统。

（1）单元可靠性（Unit Reliability）：单个单元的可靠性越高，系统的可靠性越高；单元的个数，对系统的可靠性也有影响。

（2）系统可靠性（System Reliability）：系统的结构组成有关，包含的单元数量和单元之间的相互功能关系。

3.1.1 系统可靠性设计的目的

系统可靠性设计的目的，就是使系统满足规定的可靠性指标，在完成预定功能的前提下，使系统的技术性能、重量指标、制造成本及使用寿命协调并最优。或者在性能、成本、寿命、重量和其他要求的约束下，设计出高可靠性系统。在设计阶段定量估计未来产品的可靠性方法：以往的工程经验、故障数据；当前的技术水平；以元器件、零部件的失效率为依据；预报产品实际能达到的可靠度。

1. 系统可靠性的预测

按照已知零部件或各单元的数据，计算系统的可靠性指标。对系统的几种结构模型的计算、比较以得到满意的系统设计方案和可靠性指标。可靠性预测的目的：

（1）检验设计是否满足给定的可靠性目标，预测产品的可靠度值；

（2）协调设计参数及性能指标，以求得合理的产品可靠性；

（3）比较不同的设计方案的特点和可靠度，以选择最佳设计方案；

（4）发现影响产品可靠性的主要因素，找出薄弱环节，以提高系统可靠性。

2. 系统可靠性的分配

按照已给定的系统可靠性指标，对组成系统的单元进行分配，并在多种设计方案中比较、选优。单元可靠性的预测：

（1）确定单元的基本失效率：从手册、资料中得到；进行试验，得到失效率。

（2）根据使用条件确定应用失效率：可在现场实测，根据基本失效率修正。

（3）产品的零部件经过磨损后，失效率基本保持不变，可靠性函数服从指数分布。

3.1.2　系统可靠性框图

可靠性框图是表示系统的功能与组成系统的单元之间的可靠性功能关系。建立可靠性框图，首先要了解系统中每个单元的功能，各单元之间在可靠性功能上的联系，以及这些单元功能、失效模式对系统的影响。

系统可靠性框图（System Reliability Block Diagram）就是为预计或估算系统的可靠性所建立的可靠性方框图和数学模型。系统可靠性框图的组成：

（1）方框（Pane）：表示单元功能；

（2）连线（On-line）：表示单元与系统之间的功能关系；

（3）节点（Node）（节点可以在需要时才加以标注）：

① 输入节点（Input Node）：系统功能流程的起点；

② 输出节点（Output Node）：系统功能流程的终点；

③ 中间节点（Intermediate Node）：系统功能流程的连接点。

1. 系统可靠性框图的分类

常用的系统可靠性框图有系统结构图（也叫物理架构图）和可靠性逻辑框图（也叫点线图），如图 3.1 和 3.2 所示。

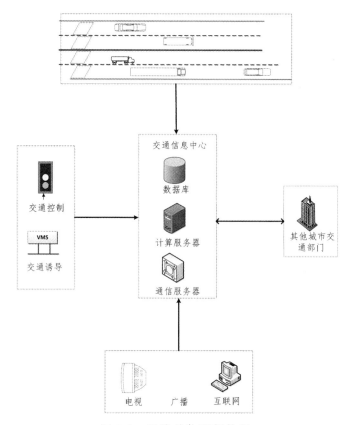

图 3.1　系统的物理架构图

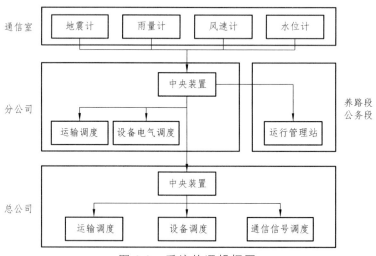

图 3.2　系统的逻辑框图

2. 系统可靠性框图的功能

系统可靠性框图的功能有：首先，表示各单元之间、单元与系统之间的关系；其次，表示系统中各单元之间的功能关系；再次，注意区分物理关系和功能关系的差别（关心的是功能关系，但以物理关系为基础）；最后，要从功能上研究系统类型、分析系统的功能及其失效模式，而不能从结构上判断系统类型。

3. 系统可靠性的单调结构系统

若一个系统具有以下 5 个条件，该系统就叫单调结构系统。

条件一：系统中的每个元件只有两种状态：工作或失效。

条件二：由元件构成的系统本身也只有两种状态：工作或失效。

条件三：如果全部元件都工作，系统就会工作。

条件四：如果全部元件都失效，系统就会失效。

条件五：在一个已经失效的系统中，修复一个元件也不能使系统恢复工作；在一个工作系统中，再有一个元件失效也不会造成系统失效。

满足这 5 个条件的系统，通称为单调结构系统。若系统是单调结构，而且每个元件是相关的，则称为关联系统。研究具有单调结构的系统时，把元件工作看成一个事件，用 x_i 表示；把元件失效也看成一个事件，用 $\bar{x}_i$ 表示。相似地，可把系统工作看成一个事件，用 S_i 表示；把系统失效也看成一个事件，用 $\bar{S}_i$ 表示，此时可以运用布尔代数，通过逻辑图的描述方式分析系统的可靠性。因此，准确画出系统工作（或失效）的逻辑图是分析系统工作的关键。

3.2　不可修复系统的可靠度计算方法

一个系统由多个单元组成，而多个单元主要通过串联、并联、混联、表决、旁联等方式构成一个大系统。因此，本章重点研究串联模型、并联模型、混联模型、表决模型等典型可靠性模型，如图 3.3 所示。

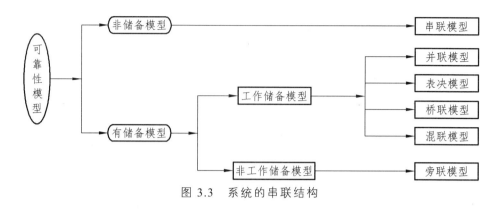

图 3.3　系统的串联结构

3.2.1　串联系统

系统中任何一个单元失效，系统就失效；或者系统中每个单元都正常工作，系统才能完成其规定的功能，则称该系统为串联系统。串联系统是最常用和最简单的模型之一，汽车及其组成的总成大多数为串联系统。

组成系统的所有单元中任一单元的故障都会导致整个系统故障的系统称为串联系统（Series System）。串联系统的可靠性框图如图 3.4 所示。

图 3.4　串联系统的可靠性框图

将元件 i 在工作时的状态记为事件 x_i，则事件 $\bar{x}_i$ 表示元件 i 在失效时的状态。类似地，将 S 记为系统工作的事件，则 $\bar{S}$ 记为系统失效的事件。由 n 个独立元件构成的串联系统有如下关系：

$$S = x_1 \bigcap x_2 \bigcap \cdots \bigcap x_n$$

$$\bar{S} = \bar{x}_1 \bigcup \bar{x}_2 \bigcup \cdots \bigcup \bar{x}_n$$

由于元件是相互独立的，所以系统可靠工作概率为

$$P(S) = P(x_1 \bigcap x_2 \bigcap \cdots \bigcap x_n)$$
$$= P(x_1)P(x_2)\cdots P(x_n)$$

其中　$P(S)$ ——系统的可靠度，记为 R_S；

$P(x_i)$——元件的可靠度，记为 R_i。

假设单元的寿命为 X_i，其可靠度为 $R_i(t) = P(X_i > t), i = 1, 2, \cdots, n$，则

$$
\begin{aligned}
R_i(t) &= P(X_i > t) \\
&= P(X_1 > t, X_2 > t, \cdots X_n > t) \\
&= \prod_{i=1}^{n} P(X_i > t) \\
&= \prod_{i=1}^{n} R_i(t)
\end{aligned}
$$

1. 串联系统的属性特征

由 n 个单元组成的串联系统表示当这 n 个单元都正常工作时，系统才正常工作，换句话说，当系统任一单元失效时，就引起系统失效。

串联系统的可靠度：

$$
\begin{aligned}
R_{串联}(t) &= P(X > t) \\
&= P(X_1 > t \bigcap \cdots \bigcap X_n > t) \\
&= \prod_{i=1}^{n} P(X_i > t) \\
&= \prod_{i=1}^{n} R_i(t)
\end{aligned}
$$

串联系统的失效率：

$$
\lambda_{串联}(t) = \sum_{i=1}^{n} \lambda_i(t)
$$

式中　$\lambda_i(t)$——第 i 个单元的失效率。

最简单的串联系统是两个单元的串联系统。当串联系统由两个单元构成时，串联系统的可靠度为

$$
R_{串联}(t) = R_1(t) \cdot R_2(t)
$$

2. 串联系统的数学模型

系统寿命等于各单元寿命中的最小者，则串联系统的可靠度为

$$R_s(t) = P[(t_1 > t) \bigcap (t_2 > t) \bigcap \cdots \bigcap (t_n > t)]$$
$$= P(t_1 > t) \cdot P(t_2 > t) \cdots P(t_n > t)$$
$$= R_1(t) \cdot R_2(t) \cdots R_n(t)$$
$$= \prod_{i=1}^{n} R_i(t)$$

当各单元服从指数分布时，串联系统的可靠度：

$$R_s(t) = \prod_{i=1}^{n} e^{-\lambda_i t}$$
$$= e^{-\sum_{i=1}^{n} \lambda_i t}$$

证明　如果

$$R_s(t) = \prod_{i=1}^{n} R_i(t)$$

可推出

$$\ln R_s(t) = \ln \prod_{i=1}^{n} R_i(t)$$
$$= \sum_{i=1}^{n} \ln R_i(t)$$

由于

$$\lambda(t) = -\frac{\mathrm{d}}{\mathrm{d}t} \ln R_i(t)$$

可推出

$$\lambda_s(t) = \frac{\mathrm{d}}{\mathrm{d}t}\left[\sum_{i=1}^{n} \ln R_i(t)\right]$$
$$= \sum_{i=1}^{n}\left[-\frac{\mathrm{d}}{\mathrm{d}t} \ln R_i(t)\right]$$
$$= \sum_{i-1}^{n} \lambda_i(t)$$

若单元寿命服从常指数分布：

$$\lambda_i(t) = \lambda_i ,$$

$$R_i(t) = \mathrm{e}^{-\lambda_i t}$$

则有

$$R_s(t) = \prod_{i=1}^{n} \mathrm{e}^{-\lambda_i t} = \mathrm{e}^{-\sum\limits_{i=1}^{n}\lambda_i t} ,$$

$$\lambda_s(t) = \sum_{i=1}^{n} \lambda_i$$

一般情况下，串联系统的可靠度、失效率如下：

串联系统的可靠度：

$$R_s(t) = \prod_{i=1}^{n} R_i(t)$$

串联系统的失效率：

$$\lambda_s(t) = \sum_{i=1}^{n} \lambda_i(t)$$

当各单元的寿命分布均为指数分布时，系统的寿命也服从指数分布，系统的故障率为单元的故障率之和：

$$\theta = \frac{1}{\lambda_s} = \frac{1}{\sum\limits_{i=1}^{n} \lambda_i}$$

系统的平均寿命：

$$\theta = \frac{1}{\lambda_s} = \frac{1}{\sum\limits_{i=1}^{n} \lambda_i}$$

3. 串联系统的主要特征

串联系统的可靠度与单元数量、单元可靠度大小有关，如图 3.5 所示。

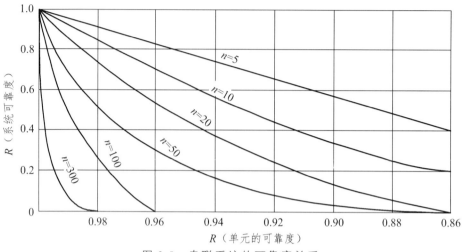

图 3.5　串联系统的可靠度关系

　　根据图 3.5，串联系统的主要特征有：首先，串联系统的可靠度低于该系统的每个单元的可靠度，且随着串联数目的增加而迅速下降；其次，串联系统的故障率大于每个单元的故障率；最后，若串联系统的各个单元服从指数分布，则该系统寿命也服从指数分布。

4. 提高系统可靠性的方法

　　一个系统串联的单元数越多，系统的可靠度越低。因此，要提高串联系统的可靠度，必须减少系统中的单元数或提高系统中最低的单元可靠度，即提高系统中薄弱单元的可靠度。

　　【例 3.1】设某种单元的可靠度为 $R_0(t) = \mathrm{e}^{-\lambda t}$，其中 $\lambda = 0.002$，试求出：

　　（1）由这种单元组成的二单元串联系统的平均寿命。

　　（2）当 $t = 200\,\mathrm{h}, 400\,\mathrm{h}, 600\,\mathrm{h}, 800\,\mathrm{h}$ 时，一单元、二单元串联系统的可靠度。

　　解　（1）一个单元与系统的平均寿命分别为

$$\theta_{单} = \frac{1}{\lambda} = 500$$

$$\theta_{2串} = \frac{1}{2\lambda} = 250$$

（2）当 $t = 200\,\mathrm{h}$ 时，一个单元与系统的可靠度分别为

$$R_{单} = \mathrm{e}^{-0.002 \times 200} = 0.673$$

$$R_{2串} = R_{单}^2 = \mathrm{e}^{-0.8} = 0.449\,3$$

当 $t = 400\,\mathrm{h}$ ，一个单元与系统的可靠度分别为

$$R_{单} = \mathrm{e}^{-0.002 \times 400} = 0.449\,3$$

$$R_{2串} = R_{单}^2 = \mathrm{e}^{-0.8 \times 2} = 0.201\,9$$

当 $t = 600\,\mathrm{h}$ 时，一个单元与系统的可靠度分别为

$$R_{单} = \mathrm{e}^{-0.002 \times 600} = 0.301\,2$$

$$R_{2串} = R_{单}^2 = \mathrm{e}^{-1.2 \times 2} = 0.090\,7$$

当 $t = 800\,\mathrm{h}$ 时，一个单元与系统的可靠度分别为

$$R_{单} = \mathrm{e}^{-0.002 \times 800} = 0.201\,9$$

$$R_{2串} = R_{单}^2 = \mathrm{e}^{-1.6 \times 2} = 0.040\,8$$

3.2.2　并联系统

并联系统是最简单的冗余系统（有贮备模型）。当所有单元都失效时，系统才丧失其规定功能；或者只要有一个单元正常工作，系统就能完成其规定的功能，这种系统称为并联系统。

组成系统的所有单元都发生故障时系统才发生故障，这种系统称为并联系统（Parallel System）。并联系统的结构如图 3.6 所示。

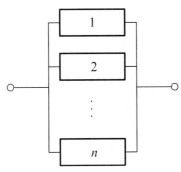

图 3.6　并联系统的结构逻辑图

由 n 个独立的元件组成并联系统，有如下关系：

$$S = x_1 \bigcup x_2 \bigcup \cdots \bigcup x_n$$

$$\overline{S} = \overline{x}_1 \bigcap \overline{x}_2 \bigcap \cdots \bigcap \overline{x}_n$$

系统失效概率，即不可靠度为

$$P(\overline{S}) = P(\overline{x}_1 \bigcap \overline{x}_2 \bigcap \cdots \bigcap \overline{x}_n)$$

由于元件是相互独立的，所以

$$P(\overline{S}) = P(\overline{x}_1)P(\overline{x}_2)\cdots P(\overline{x}_n)$$

式中　$q_i = P(\overline{x}_i)$ ——元件失效概率。

假设单元的寿命为 X_i ，且 $X = \max\left(X_i, X_2, \cdots, X_n\right)$ ，并联系统可靠度为

$$
\begin{aligned}
R_S(t) &= P(X > t) \\
&= P(\max(X_1, X_2, \cdots X_n) > t) \\
&= 1 - P(\max(X_1, X_2, \cdots X_n) \leqslant t) \\
&= 1 - P(X_1 \leqslant t, X_2 \leqslant t, \cdots, X_n \leqslant t) \\
&= 1 - \prod_{i=1}^{n}\left[1 - R_i(t)\right]
\end{aligned}
$$

假定单元的寿命服从指数分布 $R_i(t) = \mathrm{e}^{-\lambda_i t}$ ，则有

$$
\begin{aligned}
R_s(t) &= 1 - \prod_{i=1}^{n}(1 - \mathrm{e}^{-\lambda_i t}) \\
&= 1 - (1 - \mathrm{e}^{-\lambda t})^n
\end{aligned}
$$

$$\lambda(t) = \frac{n\lambda \mathrm{e}^{-\lambda t}(1 - \mathrm{e}^{-\lambda t})^{n-1}}{1 - (1 - \mathrm{e}^{-\lambda t})^n}$$

1. 并联系统的属性特征

由 n 个单元组成的并联系统表示当这 n 个单元都失效时，系统才失效，换句话说，当系统的任一单元正常工作时，系统正常工作。

并联系统的不可靠度（累积失效概率）：

$$F_{并联}(t) = P(X \leqslant t)$$
$$= P(X_1 \leqslant t \bigcap X_2 \leqslant t \bigcap \cdots \bigcap X_n \leqslant t)$$
$$= \prod_{i=1}^{n} P(X_i \leqslant t)$$
$$= \prod_{i=1}^{n} F_i(t)$$

并联系统的可靠度：

$$R_{并联}(t) = 1 - \prod_{i=1}^{n} F_i(t)$$
$$= 1 - \prod_{i=1}^{n} [1 - R_i(t)]$$

2. 并联系统的数学模型

即使单元故障率都是常数，但并联系统的故障率不再是常数，而是随着时间的增加而增大，且趋向于 λ。由 n 个独立的元件组成并联系统，则系统可靠度：

$$R_S(t) = 1 - \prod_{i=1}^{n} [1 - R_i(t)]$$

（1）当系统各单元的寿命分布为指数分布时，对于 n 个相同单元的并联系统，则有

并联系统的可靠度：

$$R_s(t) = 1 - (1 - e^{-\lambda t})^n$$

并联系统的平均寿命：

$$\theta = \int_0^{\infty} R_s(t)\mathrm{d}t$$
$$= \frac{1}{\lambda} + \frac{1}{2\lambda} + \cdots + \frac{1}{n\lambda}$$

（2）当系统各单元的寿命分布为指数分布时，对于最常用的两单元并联系统，则有

并联系统的可靠度：

$$R_s(t) = \mathrm{e}^{-\lambda_1 t} + \mathrm{e}^{-\lambda_2 t} - \mathrm{e}^{-(\lambda_1 + \lambda_2)t}$$

并联系统的失效率：

$$\lambda_s(t) = \frac{\lambda_1 \mathrm{e}^{-\lambda_1 t} + \lambda_2 \mathrm{e}^{-\lambda_2 t} - (\lambda_1 + \lambda_2)\mathrm{e}^{-(\lambda_1 + \lambda_2)t}}{\mathrm{e}^{-\lambda_1 t} + \mathrm{e}^{-\lambda_2 t} - \mathrm{e}^{-(\lambda_1 + \lambda_2)t}}$$

并联系统的平均寿命：

$$\theta = \int_0^\infty R_s(t)\mathrm{d}t$$
$$= \frac{1}{\lambda_1} + \frac{1}{\lambda_2} - \frac{1}{\lambda_1 + \lambda_2}$$

3. 并联系统的主要特征

与无贮备的单个单元相比，并联可明显提高系统可靠性（特别是 $n=2$ 时）。当并联过多时，可靠性增速减慢，并联系统可靠度关系如图 3.7 所示。

根据图 3.7，可知并联系统的主要特征如下：首先，并联系统的失效概率低于各单元的失效概率；其次，并联系统的平均寿命高于各单元的平均寿命；并联系统的可靠度大于单元可靠度的最大值；再次，并联系统的各单元服从指数分布，该系统不再服从指数分布；最后，随着单元数的增加，系统的可靠度增大，系统的平均寿命也随之增加，但随着数目的增加，新增加单元对系统可靠性及寿命提高的贡献变得越来越小。

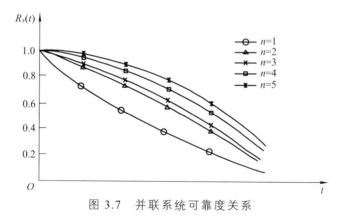

图 3.7　并联系统可靠度关系

【例 3.2】设某种单元的可度为 $R_0(t) = \mathrm{e}^{-\lambda t}$，其中 $\lambda = 0.002$，试求出：

（1）由这种单元组成的二单元并联系统的平均寿命。

54

（2）当 $t = 200\,\text{h}, 400\,\text{h}, 600\,\text{h}, 800\,\text{h}$ 时，二单元并联系统的可靠度。

解　（1）系统的平均寿命为

$$\theta_{2\#} = \frac{3}{2\lambda} = 750$$

（2）当 $t = 200\,\text{h}$ 时，系统的可靠度为

$$R_{2\#} = 1 - (1 - R_{\text{单}})^2 = 1 - (1 - \text{e}^{-0.4})^2$$
$$= 0.891\,3$$

当 $t = 400\,\text{h}$，系统的可靠度为

$$R_{2\#} = 1 - (1 - R_{\text{单}})^2 = 1 - (1 - \text{e}^{-0.8})^2$$
$$= 0.696\,8$$

当 $t = 600\,\text{h}$，系统的可靠度为

$$R_{2\#} = 1 - (1 - R_{\text{单}})^2 = 1 - (1 - \text{e}^{-1.2})^2$$
$$= 0.511\,7$$

当 $t = 800\,\text{h}$，系统的可靠度为

$$R_{2\#} = 1 - (1 - R_{\text{单}})^2 = 1 - (1 - \text{e}^{-1.6})^2$$
$$= 0.363\,0$$

3.2.3　混联系统

由串联系统和并联系统混合而成的系统称为混联系统（Compound System）。最典型的混联系统有：串联—并联系统（简称串—并系统）、并联—串联系统（简称并—串系统）和其他一般混联系统。

1. 串联—并联系统

串—并系统是由一部分单元先串联组成一个子系统，再由这些子系统组成一个并联系统，如图 3.8 所示。

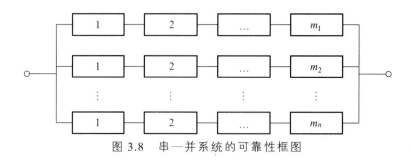

图 3.8　串—并系统的可靠性框图

若系统由 n 个相同的元件单元串联组成，每个单元由 m_j 个元件组成，每个单元的可靠度为 R_{ij}。对于整个串—并系统，其可靠度为

$$R(t) = 1 - \prod_{i=1}^{n} [1 - \prod_{j=1}^{m_i} R_{ij}(t)] \qquad (3.1)$$

如果 $R_{ij}(t) = \mathrm{e}^{-\lambda t}$ 服从指数分布，则串—并联系统的可靠度为

$$R(t) = 1 - [1 - \mathrm{e}^{-m\lambda t}]^n$$

2. 并联—串联系统

并—串系统是由一部分单元先并联组成一个子系统，再由这些子系统组成一个串联系统，如图 3.9 所示。

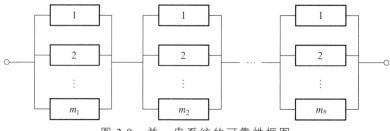

图 3.9　并—串系统的可靠性框图

若系统由 n 条相同的并联支路组成，每条并联支路几个不同的元件串联组成，每个单元的可靠度为 R_{ij}。对于整个并—串系统，其可靠度为

$$R(t) = \prod_{j=1}^{n} \{ 1 - \prod_{i=1}^{m_i} [1 - R_{ij}(t)] \} \qquad (3.2)$$

如果 $R_{ij}(t) = \mathrm{e}^{-\lambda t}$ 服从指数分布，则并—串系统的可靠度为

$$R(t) = [1 - (1 - e^{-\lambda t})^m]^n$$

3. 混联系统的主要特征

在相同的条件下，并—串系统的可靠度高于串—并系统。在并—串系统中，系统的可靠性整体高于系统中任何一个元件的可靠性；在串—并联系统中，系统的可靠性整体低于系统中任何一个元件的可靠性。

【例 3.3】　如果 $R_{ij} = e^{-\lambda t}$ 服从指数分布，$\lambda = 0.05$，则并—串系统和串—并系统的可靠度，如图 3.10 和图 3.11 所示。

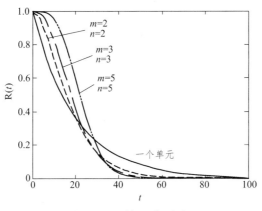

图 3.10　并—串系统

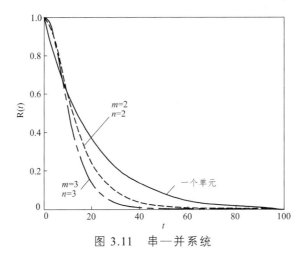

图 3.11　串—并系统

解 根据图 3.10，并—串系统中，系统的可靠性整体高于系统中任何一个元件的可靠性，而且组件越多越明显。

根据图 3.11，串—并系统中，系统的可靠性整体低于系统中任何一个元件的可靠性，而且组件越多，系统可靠性越差。

【**例 3.4**】 如果在 $m=n=5$ 的串—并系统与并—串系统中，单元可靠度均为 0.75，试分别求出这两个系统的可靠度。

解 对于串—并系统，可根据公式（3.1），得到串—并系统的可靠度：

$$R(t)=1-\prod_{i=1}^{n}[1-\prod_{j=1}^{m_i}R_{ij}(t)]$$
$$=1-(1-0.75^5)^5$$
$$=0.741\,9$$

对于并—串系统，可根据公式（3.2），得到并—串系统的可靠度：

$$R_s=\prod_{j=1}^{n}\{1-\prod_{i=1}^{m_i}[1-R_{ij}(t)]\}$$
$$=[1-(1-0.75)^5]^5$$
$$=0.995\,1$$

4. 其他一般混联系统

其他一般混联系统是由串并联系统混合而成的复杂系统，如图 3.12 所示。

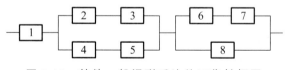

图 3.12　其他一般混联系统的可靠性框图

根据图 3.12，对于该种类型的混联系统，可以分成 4 个子系统来研究该系统的可靠度：

步骤一：计算第一个子系统的可靠度。第一个子系统是由单元 1、单元 2、单元 3（即 $R_1R_2R_3$）组成的一个子系统，如图 3.13 所示。因此，单元 $R_1R_2R_3$ 组成了一个串联系统。

图 3.13 第一个子系统的可靠性框图

第一个子系统的可靠度：

$$R_{s1}(t) = R_1(t)R_2(t)R_3(t)$$

步骤二：计算第二个子系统的可靠度。第二个子系统是由单元 4、单元 5（即 R_4R_5）组成的一个子系统，如图 3.14 所示。因此，单元 R_4R_5 组成了一个串联系统。

图 3.14 第二个子系统的可靠性框图

第二个子系统的可靠度：

$$R_{s2}(t) = R_4(t)R_5(t)$$

步骤三：计算第三个子系统的可靠度。第三个子系统是由第一个子系统和第二个子系统组成的子系统，如图 3.15 所示。因此，第一个子系统和第二个子系统组成了一个并联系统。

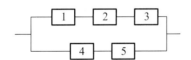

图 3.15 第三个子系统的可靠性框图

第三个子系统的可靠度：

$$\begin{aligned}
R_{s3}(t) &= 1 - [1 - R_{s1}(t)][1 - R_{s2}(t)] \\
&= R_{s1}(t) + R_{s2}(t) - R_{s3}(t)R_{s2}(t) \\
&= R_1(t)R_2(t)R_3(t) + R_4(t)R_5(t) - R_1(t)R_2(t)R_3(t)R_4(t)R_5(t)
\end{aligned}$$

步骤四：计算第四个子系统的可靠度。第四个子系统是由单元 6、单元 7（即 R_6R_7）组成的一个子系统，如图 3.16 所示。因此，单元 R_6R_7 组成了一个并联系统。

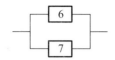

图 3.16　第四个子系统的可靠性框图

第四个子系统的可靠度：

$$R_{s4}(t) = 1 - [1 - R_6(t)][1 - R_7(t)]$$
$$= R_6(t) + R_7(t) - R_6(t)R_7(t)$$

步骤五：计算整个系统的可靠度。整个系统为一般混联系统，但该系统由第三个子系统、第四个子系统和单元 8（即 R_8）组成串联系统，这样该混联系统变成了一个串联系统。

整个系统的可靠度：

$$R(t) = R_{s3}(t)R_{s4}(t)R_8(t)$$
$$= [R_1(t)R_2(t)R_3(t) + R_4(t)R_5(t) - R_1(t)R_2(t)R_3(t)R_4(t)R_5(t)] \times$$
$$[R_6(t) + R_7(t) - R_6(t)R_7(t)] \cdot R_8(t)$$

3.2.4　表决系统

表决系统（Voting System）是工作储备模型的一种形式。组成系统的 n 个单元中，至少有 r 个单元正常工作，系统才能正常工作，大于 $n - r$ 个单元失效，系统就失效，这样的系统称为表决系统。

1. 表决系统的基本定义

表决系统是组成系统的 n 个单元中，正常的单元数不小于 r（$1 \leqslant r \leqslant n$）系统就不会故障，这样的系统称为 r/n（G）表决模型，如图 3.17 所示。

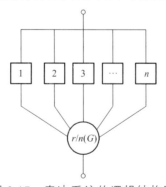

图 3.17　表决系统的逻辑结构图

2. 表决系统的计算方法

若组成系统的各单元相同，每个单元失效概率为 q，正常工作概率为 p，则 r/n（G）表决系统的失效率服从二项分布：

$$R(t) = \sum_{i=r}^{n} C_n^i p^i q^{n-i}$$

假如各单元寿命均服从指数分布，则表决系统的可靠度：

$$R(t) = \sum_{i=r}^{n} C_n^i e^{-i\lambda t} (1-e^{-\lambda r})^{n-i}$$

表决系统的平均寿命：

$$\theta = \sum_{i=r}^{n} \frac{1}{i\lambda}$$
$$= \frac{1}{k\lambda} + \frac{1}{(k+1)\lambda} + \cdots + \frac{1}{n\lambda}$$

3. 多数表决系统

在 r/n（G）模型中，当 n 必须为奇数（令为 $2k+1$），且正常单元数必须大于 $n/2$（不小于 $k+1$）时，系统才正常，这样的系统称为多数表决模型。多数表决模型是 r/n（G）系统的一种特例。2/3（G）系统是常用的多数表决模型。

（1）2/3 表决系统定义。

假设三个单元相互独立，且均服从指数分布，则 2/3（G）表决系统的可靠度：

$$R(t) = C_3^2 e^{-2\lambda t} (1-e^{-\lambda t}) + C_3^3 e^{-3\lambda t}$$
$$= 3e^{-2\lambda t} - 2e^{-3\lambda t}$$

2/3（G）表决系统的平均寿命：

$$\theta = \frac{1}{2\lambda} + \frac{1}{3\lambda}$$
$$= \frac{5}{6\lambda}$$

2/3（G）表决系统的可靠性框图，如图 3.18 所示。

相当于

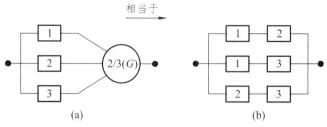

图 3.18　2/3（G）表决系统的可靠性框图

（2）2/3（G）表决系统特征。

相同条件下，2/3（G）表决系统的可靠度高于 2 个或 3 个单元组成的串联系统，低于 2 个或 3 个单元组成的并联系统。相同条件下，2/3（G）表决系统的平均寿命为 1 个单元的平均寿命的 5/6 倍，低于 1 个单元的平均寿命。

指数分布的相同元件组成的 2/3（G）表决系统与 1 个单元组成的系统相比：2 个系统的中位寿命相同。

当可靠水平小于 0.5 时，1 个单元系统的可靠寿命高于 2/3（G）表决系统的可靠寿命；

当可靠水平大于 0.5 时，2/3（G）表决系统的可靠寿命高于 1 个单元系统的可靠寿命，且可靠水平越接近 1，采用 2/3（G）系统结构对提高可靠寿命的效果越显著。

因此，在对系统可靠水平要求很高的情况下，采用 2/3（G）表决系统结构可提高系统的可靠寿命。

4. 表决系统的主要特征

表决系统的平均寿命比并联系统低，比串联系统高。若表决器的可靠度为 1，则当 $r=1$ 时，1/n（G）即为并联系统；当 $r=n$ 时，n/n（G）即为串联系统。机械系统、电路系统和自动控制系统等常采用最简单的 2/3（G）表决系统，即 3 个单元中至少有 2 个单元正常工作，系统就正常工作。

【例 3.5】 某 3/6（G）表决系统，各单元寿命均服从指数分布，失效率均为 $\lambda = 5 \times 10^{-5} \mathrm{h}^{-1}$，如果工作时间 $t = 6\,000$ h，求系统的可靠度。

解 由题意可得，单元的可靠度：

$$R(7\ 000) = e^{-5\times10^{-5}\times6\ 000} = 0.7$$

所以该系统的可靠度为

$$R(t) = \sum_{i=t}^{n} C_n^t n [R_0(t)]^t [F_0(t)]^{n-t}$$

$$= R^n(t) + nR^{n-1}(t)[1-R(t)] + \frac{n(n-1)}{2!} R^{n-2}[1-R(t)]^2 +$$

$$\frac{n(n-1)(n-2)}{3!} R^{n-3}(t)[1-R(t)]^3$$

$$= 0.7^6 + 6\times0.7^5\times0.3 + \frac{6\times5}{2}0.7^4\times0.3^2 + \frac{6\times5\times4}{1\times2\times3}\times0.7^3\times0.3^3$$

$$= 0.929\ 2$$

3.2.5　旁联系统

为了提高系统的可靠度，除了多安装一些单元外，还可以储备一些单元，以便当工作单元失效时，能立即通过转换开关使储备的单元逐个地去替换，直到所有单元都发生故障时为止，系统才失效，这种系统称为旁联系统（Stand-by System）。

1. 旁联系统的基本定义

旁联系统是组成系统的各单元只有一个单元工作，当工作单元故障时，通过转换装置接到另一个单元继续工作，直到所有单元都发生故障时系统才有故障，又称非工作贮备系统，如图 3.19 所示。

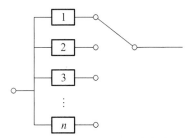

图 3.19　旁联系统的可靠性框图

2. 旁联系统的主要特征

旁联系统与并联系统的区别是：并联系统中每个单元一开始就同时处于工作状态，旁联系统中仅用一个单元工作，其余单元处于待机工作状态。并联系统在工作中可能失效，而旁联系统储备单元可能在储备期内失效。旁联系统还取决于故障监测和转换装置的可靠性。旁联系统可分为两种情况，一是储备单元在储备期内失效率为零，二是储备单元在储备期内也可能失效。

3. 储备单元完全可靠的旁联系统

储备单元完全可靠是指备用单元在储备期内不发生失效也不劣化，储备期的长短对以后的使用寿命没有影响。转换开关完全可靠是指使用开关时，开关完全可靠，不发生故障。

（1）若 n 个单元寿命都服从指数分布，其可靠性 $R_i = \mathrm{e}^{-\lambda_i t}, i = 1, 2, \cdots, n$，则系统的可靠度：

$$R(t) = \sum_{i=1}^{n} \prod_{\substack{j=1 \\ j \neq i}}^{n} \frac{\lambda_j}{\lambda_j - \lambda_i} \mathrm{e}^{-\lambda_i t}$$

系统的平均寿命：

$$\theta = \sum_{i=1}^{n} \theta_i = \sum_{i=1}^{n} \frac{1}{\lambda_i}$$

② 如 n 个单元的失效率均相同，即失效率 $\lambda_1 = \lambda_2 = \cdots = \lambda_n = \lambda$，则系统的可靠度：

$$R(t) = \sum_{i=0}^{n-1} \frac{(\lambda t)^i}{i!} \mathrm{e}^{-\lambda t}$$

系统的平均寿命：

$$\theta = \sum_{i=1}^{n} \theta_i = \frac{n}{\lambda}$$

③ 当 $n = 2$，即系统由 2 个单元组成时，系统的可靠度：

$$R(t) = \frac{\lambda_2}{\lambda_2 - \lambda_1} \mathrm{e}^{-\lambda_1 t} + \frac{\lambda_1}{\lambda_1 - \lambda_2} \mathrm{e}^{-\lambda_2 t}$$

系统的平均寿命：

$$\theta = \frac{1}{\lambda_1} + \frac{1}{\lambda_2}$$

特别地，当 $\lambda_1 = \lambda_2 = \lambda$ 时，
系统的可靠度：

$$R(t) = (1 + \lambda t)\mathrm{e}^{-\lambda t}$$

系统的平均寿命：

$$\theta = \frac{2}{\lambda}$$

　　串联系统的寿命为单元中最小的寿命，并联系统的寿命为单元中最大的寿命，而转换开关与储备单元完全可靠的旁联系统的寿命为所有单元寿命之和，这说明转换开关、储备单元均完全可靠的旁联系统的可靠性最佳，串联系统的可靠性最差。

3.3　可修复系统的可靠性计算方法

　　可维修系统指的在任务执行期间，当系统故障而不能执行任务时允许修理，修复后继续执行任务。其任务可靠性不仅受各单元可靠性的影响，而且受到各单位维修特性的影响。一般的工程系统通常被作为可修复系统来处理。

3.3.1　数学方法

　　为了计算可修复系统的可靠性，本章主要介绍随机过程理论、马尔科夫过程等经典数学理论。

1. 随机过程理论（Random Process Theory）

随机过程是依赖于参数的一族随机变量的全体，参数通常是时间。随机变量是随机现象的数量表现，其取值随着偶然因素的影响而改变。目前，在自动控制、公用事业、管理科学等方面都有广泛的应用。

假设 E 是随机实验，e 是随机试验的结果，$S=\{e\}$ 是它的样本空间，T 是一个参数集，若对于每一个 $t \in T$，都有随机变量 $X(e,t)$ 与之对应，则称随机变量簇 $\{x(e,t), t \in T\}$ 为随机过程或随机函数，通常记作 $X(t), t \in T$。

随机过程可以按照其状态进行分类：如果随机过程 $X(t)$ 对于任意的 $t_1 \in T$，$X(t_1)$ 都是连续性随机变量，则称此随机过程为连续性随机过程；如果随机过程 $X(t)$ 对于任意的 $t_1 \in T$，$X(t_1)$ 都是离散型随机变量，则称此随机过程为离散型随机过程。此外，随机过程还可以按照时间参数是连续还是离散进行分类。如果随机过程的参数变化范围 T 是有限或无限区间，$X(t)$ 叫作连续参数随机过程；如果 T 是可列个数的集合，如 $T = \{\Delta t, 2\Delta t, \cdots, n\Delta t, \cdots\}$，$X(t)$ 则叫作离散参数随机过程或随机变量序列。

2. 马尔可夫过程理论（Markov Process Theory）

马尔可夫过程是一类随机过程。它的原始模型马尔可夫链，由俄国数学家 A. A. 马尔可夫于 1907 年提出。马尔可夫过程是研究离散事件动态系统状态空间的重要方法，它的数学基础是随机过程理论。

设 $\{X(t), t \in T\}$ 的状态空间为 S，如果 $\forall n \geqslant 2$，$\forall t_1 < t_2 < \cdots < t_n \in T$，在条件 $X(t_i) = x_i$，$x_i \in S$，$i = 1, 2, \cdots, n-1$ 下，$X(t_n)$ 的条件分布函数恰好等于在条件 $X(t_{n-1}) = x_{n-1}$ 下的条件分布函数，即

$$P[X(t_n) \leqslant x_n \mid X(t_1) = x_1, X(t_2) = x_2, \cdots, X(t_{n-1}) = x_{n-1}]$$
$$= P[X(t_n) \leqslant x_n \mid X(t_{n-1}) = x_{n-1}], \quad x_n \in \mathbf{R}$$

在马尔可夫过程中，t_n 时随机变量的概率与 t_{n-1} 时随机变量的取值有关，而与 t_{n-1} 以前的过程无关，这种性质称为"无记忆性"或"无后效性"。

由于马尔可夫过程是一个状态转移到另一个状态的过程，也是一种随机过程，因此可以按照时间和状态是离散还是连续进行分类，即：时间与

状态均为离散的马尔可夫过程，称为时间离散马尔可夫链；时间连续、状态离散的马尔可夫过程，称为时间连续马尔可夫链；时间与状态均为连续的马尔可夫过程，称为连续马尔可夫链。

3.3.2　串联可修复系统

串联可修复系统指的由 n 个单元与一组维修人员组成的串联系统。若 n 个单元都正常工作时，系统处于工作状态，当某个单元故障时，系统就出现故障。

1. n 个相同单元情况

该串联系统在 t 与 $t+\Delta t$ 之间极小时间内，若 n 个单元的故障率均为 λ，修复率均为 μ 时，该系统状态转移如图 3.20 所示。

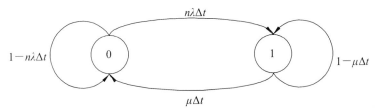

图 3.20　n 个相同单元串联状态转移图

其中　0——正常工作状态；

　　　1——故障状态。

系统的微系数矩阵：

$$P(\Delta t) = \begin{bmatrix} 1-n\lambda\Delta t & n\lambda\Delta t \\ \mu\Delta t & 1-\mu\Delta t \end{bmatrix}$$

系统的状态转移形式与单元的可修复系统情况一致，只是 n 个单元以 $n\lambda\Delta t$ 的概率由正常状态向故障状态转移。则有

n 个相同单元的有效度：

$$A(t) = \frac{\mu}{n\lambda+\mu} + \frac{n\lambda}{n\lambda+\mu}\mathrm{e}^{-(n\lambda+\mu)t}$$

n 个相同单元的稳态有效度：

$$A(\infty) = \frac{\mu}{n\lambda + \mu}$$

在吸收状态时，系统可靠度：

$$R(t) = \mathrm{e}^{-n\lambda t}$$

在吸收状态时，系统首次故障前平均工作时间（MTTF）：

$$MTTFs = \frac{1}{n\lambda}$$

2. n 个不同单元情况

该系统 n 个单元故障率并不相同，分别为 $\lambda_i, i = 1, 2, \cdots, n$；修复率分别为 $\mu_i, i = 1, 2, \cdots, n$，其状态转移图如图 3.21 所示。

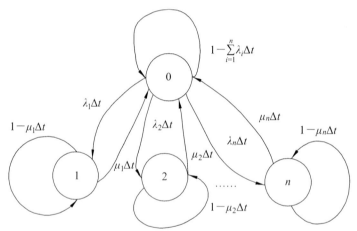

图 3.21　n 个不同单元串联状态转移图

图 3.21 中的 1 指的是时刻 t 时第 1 个单元故障，其余单元都正常；以此类推，n 表示时刻 t 时第 n 个单元故障，其余单元都正常。因此，该串联系统在 t 与 $t + \Delta t$ 之间极小时间内的微系数矩阵为

$$\boldsymbol{P}(\Delta t) = \begin{bmatrix} 1 - \sum\limits_{i=1}^{n}\lambda_i\Delta t & \lambda_1\Delta t & \cdots & \lambda_n\Delta t \\ \mu_1\Delta t & 1 - \mu_1\Delta t & \cdots & 0 \\ \vdots & \vdots & \ddots & \vdots \\ \mu_n\Delta t & 0 & \cdots & 1 - \mu_n\Delta t \end{bmatrix}$$

按照齐次马尔可夫可维修系统可靠性特征量的求解过程，写出相应 $P(\Delta t)$ 所对应的 P：

$$P = \begin{bmatrix} 1-\sum\limits_{i=1}^{n}\lambda_i & \lambda_1 & \cdots & \lambda_n \\ \mu_1 & 1-\mu_1 & \cdots & 0 \\ \vdots & \vdots & \ddots & \vdots \\ \mu_n & 0 & \cdots & 1-\mu_n \end{bmatrix} \qquad (3.3)$$

转移概率矩阵：

$$A = P - I = \begin{bmatrix} -\sum\limits_{i=1}^{n}\lambda_i & \lambda_1 & \cdots & \lambda_n \\ \mu_1 & -\mu_1 & \cdots & 0 \\ \vdots & \vdots & \ddots & \vdots \\ \mu_n & 0 & \cdots & -\mu_n \end{bmatrix}$$

利用拉普拉斯变化，可以求出系统的稳态有效度：

$$A(\infty) = \frac{1}{1+\dfrac{\lambda_1}{\mu_1}+\cdots+\dfrac{\lambda_1}{\mu_n}} = \frac{1}{1+\sum\limits_{i=1}^{n}\eta_i}$$

$$= \frac{1}{1+\eta}$$

其中，$\eta_i = \dfrac{\lambda_i}{\mu_i}, i=1,2,\cdots,n$ 表示系统中第 i 个单元的维修系数。

由于系统的维修系数 $\eta = \sum\limits_{i=1}^{n}\eta_i$ ，则

$$\eta = \frac{\lambda}{\mu} = \sum_{i=1}^{n}\frac{\lambda_i}{\mu_i}$$

由于系统的故障率 $\lambda = \sum\limits_{i=1}^{n}\lambda_i$ ，因此系统的平均修复时间为

$$MTTRs = \frac{\eta}{\lambda} = \frac{\sum\limits_{i=1}^{n}\dfrac{\lambda_i}{\mu_i}}{\sum\limits_{i=1}^{n}\lambda_i}$$

若系统的可靠度仍为状态 i 处于吸收状态时的可靠度，则整个系统的可靠度：

$$R(t) = \mathrm{e}^{-\lambda t} = \exp(-\sum_{i=1}^{n} \lambda_i t)$$

系统首次故障前平均工作时间：

$$MTTFs = \frac{1}{\lambda}$$

3.3.3 并联可修复系统

并联可修复系统指的由 n 个单元与 1 组维修人员组成的并联系统。若 n 个单元都不正常工作时，系统处于不工作状态，当某个单元故障时，系统还在工作状态。

1. n 个相同单元的情况

系统由 n 个相同单元和 1 组维修人员组成，若每个单元的故障率为 λ，修复率为 μ。修复后单元的寿命分布不变。

假定系统有 $n+1$ 个可能状态，该系统的状态转移图如 3.23 所示。

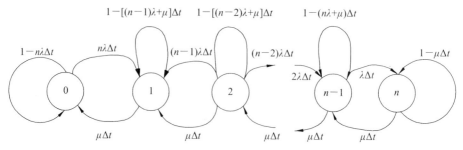

图 3.22 n 个相同单元并联状态转移图

图 3.22 中，0 表示正常工作状态，齐次马尔可夫链 $X(t) = j$ 表示时刻 t 时有 j 个单元故障，$j = 0, 1, 2, \cdots, n$。

系统的微系数矩阵：

$$\boldsymbol{P}(\Delta t) = \begin{bmatrix} 1-n\lambda\Delta t & n\lambda\Delta t & 0 & \cdots & 0 & 0 \\ \mu\Delta t & 1-[(n-1)\lambda+\mu]\Delta t & (n-1)\lambda\Delta t & \cdots & 0 & 0 \\ 0 & \mu\Delta t & 1-[(n-2)\lambda+\mu]\Delta t & \cdots & 0 & 0 \\ \vdots & \vdots & \vdots & \ddots & \vdots & \vdots \\ 0 & 0 & 0 & \cdots & 1-(\lambda+\mu)\Delta t & \lambda\Delta t \\ 0 & 0 & 0 & \cdots & \mu\Delta t & 1-\mu\Delta t \end{bmatrix}_{n\times n}$$

经求解，可得系统的稳态有效度：

$$A(\infty) = \frac{\displaystyle\sum_{i=0}^{n-1}\frac{1}{(n-i)!}\left(\frac{\lambda}{\mu}\right)^i}{\displaystyle\sum_{i=0}^{n}\frac{1}{(n-i)!}\left(\frac{\lambda}{\mu}\right)^i}$$

当 $n=2$ 时，即系统由 2 个相同单元和 1 组维修人员组成时，其微系数矩阵为

$$\boldsymbol{P}(\Delta t) = \begin{bmatrix} 1-2\lambda\Delta t & 2\lambda\Delta t & 0 \\ \mu\Delta t & 1-(\lambda+\mu)\Delta t & \lambda\Delta t \\ 0 & \mu\Delta t & 1-\mu\Delta t \end{bmatrix}$$

经求解，得到系统的瞬时有效度：

$$A(t) = \frac{2\lambda\mu+\mu^2}{2\lambda^2+2\lambda\mu+\mu^2} - \frac{2\lambda^2(s_2\mathrm{e}^{s_1 t}-s_1\mathrm{e}^{e_2 t})}{s_1 s_2(s_1-s_2)}$$

其中

$$s_1 = \frac{1}{2}[-(3\lambda+2\mu)+\sqrt{\lambda^2+4\lambda\mu}]$$

$$s_2 = \frac{1}{2}[-(3\lambda+2\mu)-\sqrt{\lambda^2+4\lambda\mu}]$$

系统的稳态有效度：

$$A(\infty) = \frac{2\lambda\mu+\mu^2}{2\lambda^2+2\lambda\mu+\mu^2}$$

2. 两个不同单元的情况

系统由 2 个不同单元和 1 组维修人员并联组成，其故障率及维修率分别为 λ_1，λ_2 及 μ_1，μ_2，其余条件同前述。

若 $X(t) = j$，时刻 t 时系统处于状态 j，$j = 0,1,2,3,4$，$X(t)$ 是一个齐次马尔可夫链。其状态转移图如图 3.23 所示。

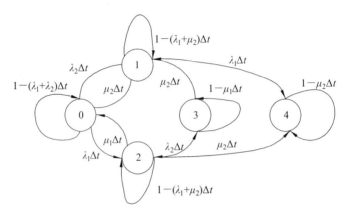

图 3.23　2 个不同单元并联状态转移图

系统的微系数转移矩阵：

$$\boldsymbol{P}(\Delta t) = \begin{bmatrix} 1-(\lambda_1+\lambda_2)\Delta t & \lambda_2\Delta t & \lambda_1\Delta t & 0 & 0 \\ \mu_2\Delta t & 1-(\lambda_1+\mu_2)\Delta t & 0 & 0 & \lambda_1\Delta t \\ \mu_1\Delta t & 0 & 1-(\lambda_1+\mu_1)\Delta t & \lambda_2\Delta t & 0 \\ 0 & \mu_1\Delta t & 0 & 1-\mu_1\Delta t & 0 \\ 0 & 0 & \mu_2\Delta t & 0 & 1-\mu_2\Delta t \end{bmatrix}$$

对式（3.3）求解，得到对应的 $\boldsymbol{P}$：

$$\boldsymbol{P}(t) = \begin{bmatrix} P_0(t) & P_1(t) & P_2(t) & P_3(t) & P_4(t) \end{bmatrix}$$

当 $P_i(\infty) = \lim\limits_{t\to\infty} P_i(t)$ 且 $i = 1,2,3,4$ 时，可得

$$P_0(\infty) = \frac{\mu_1\mu_2(\lambda_1\mu_1 + \lambda_2\mu_2 + \mu_1\mu_2)}{\lambda_1\mu_2(\mu_1+\mu_2)(\lambda_1+\lambda_2+\mu_2) + \lambda_2\mu_1(\mu_2+\lambda_1)(\lambda_1+\lambda_2+\mu_1) + \mu_1\mu_2(\lambda_1\mu_1 + \lambda_2\mu_2 + \mu_1\mu_2)}$$

$$P_1(\infty) = \frac{\lambda_2(\lambda_1+\lambda_2+\mu_1)P_0(\infty)}{\lambda_1\mu_1 + \lambda_2\mu_2 + \mu_1\mu_2}$$

$$P_2(\infty) = \frac{\lambda_1(\lambda_1 + \lambda_2 + \mu_2)P_0(\infty)}{\lambda_1\mu_1 + \lambda_2\mu_2 + \mu_1\mu_2}$$

$$P_3(\infty) = \frac{\lambda_1\lambda_2(\lambda_1 + \lambda_2 + \mu_2)P_0(\infty)}{\mu_1(\lambda_1\mu_1 + \lambda_2\mu_2 + \mu_1\mu_2)}$$

$$P_4(\infty) = \frac{\lambda_1\lambda_2(\lambda_1 + \lambda_2 + \mu_1)P_0(\infty)}{\mu_2(\lambda_1\mu_1 + \lambda_2\mu_2 + \mu_1\mu_2)}$$

因此，可得系统的稳态有效度：

$$A(\infty) = P_0(\infty) + P_1(\infty) + P_2(\infty)$$

3.3.4　m/n（G）可修复系统

一个系统当且仅当至少有 m 个单元工作时，系统才工作；当有 $n-m+1$ 个单元故障时，系统就会发生故障。而在系统故障期间，若 $m-1$ 个正常工作的单元停止工作，直到 m 个好的单位同时进入工作状态，此时系统又会重新进入工作。这样的系统称为 m/n（G）可修复系统。显然，当 $m=1$ 时，系统是 n 个相同单元的并联系统，当 $m=n$ 时，系统是 n 个相同单元的串联系统。m/n（G）可修复系统的状态转移图如图 3.24 所示。

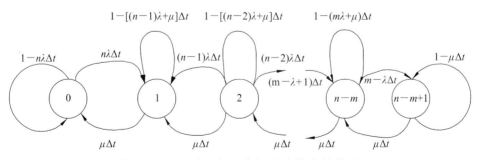

图 3.24　m/n（G）可修复系统状态转移图

该系统的微系数矩阵：

$$P(\Delta t) = \begin{bmatrix} 1-n\lambda\Delta t & n\lambda\Delta t & 0 & \cdots & 0 & 0 \\ \mu\Delta t & 1-(n-1)\lambda & (n-1)\lambda\Delta t & \cdots & 0 & 0 \\ 0 & \mu\Delta t & 1-[(n-2)\lambda+\mu]\Delta t & \cdots & 0 & 0 \\ \vdots & \vdots & \vdots & \ddots & \vdots & \vdots \\ 0 & 0 & 0 & \cdots & 1-[(m\lambda+\mu]\Delta t & m\lambda\Delta t \\ 0 & 0 & 0 & \cdots & \mu\Delta t & 1-\mu\Delta t \end{bmatrix}$$

经求解，得到系统的稳态有效度：

$$A(\infty) = \frac{\sum\limits_{j=0}^{n-m} \dfrac{1}{(n-j)!}\left(\dfrac{\lambda}{\mu}\right)^{j}}{\sum\limits_{j=0}^{n-m+1} \dfrac{1}{(n-j)!}\left(\dfrac{\lambda}{\mu}\right)^{j}}$$

重点与难点

重点：① 系统可靠性预测的目的；② 并联系统的主要特征；③ 混联系统。

难点：① 串联、并联系统的可靠度计算；② 并联系统可靠度计算。

思考与练习

（1）系统可靠性设计的目的是什么？

（2）串联系统有哪些特征？

（3）已知某并联系统由 2 个服从指数分布的单元组成，2 单元的失效率分别为 $\lambda_1 = 0.0005$，$\lambda_2 = 0.0001$，工作时间为 1 000 h。试求系统的失效率、平均寿命和可靠度。

（4）旁联系统有哪些主要特征？

（5）如何提高串联系统、并联系统的可靠度？

（6）表决系统的主要特征有哪些？

第4章 系统可靠性的设计方法

系统可靠性设计是为了在设计过程中找出系统的安全隐患或者薄弱环节，在遵循工程设计规范的基础上而采取的一些专门技术，以便满足使用者的需要和要求。系统可靠性设计技术适用于系统设计阶段，以保证和提高系统可靠性为主要目标的设计技术和措施。

产品（也叫系统）的设计一旦完成，并按设计预定的要求制造出来后，其固有可靠性就确定了。而在制造过程中最多只能保证设计中形成的产品固有可靠性得以实现，而在使用和维修过程中只能尽量维持已有的固有可靠性。因此，可靠性设计是系统总体工程设计的重要组成部分，可靠性设计的优劣会影响故障的发生程度，对产品固有可靠性的提高起很大作用。

4.1 可靠性设计的基本准则

可靠性设计是一种严格、严肃、规范的过程，而可靠性设计准则是进行可靠性设计的重要依据，贯彻这些准则可以提高产品的固有可靠性。可靠性设计有以下准则：

（1）可靠性设计应有明确的可靠性指标及可靠性评估方案。

（2）可靠性设计必须贯穿于功能设计的各个环节，在满足基本功能的同时，要全面考虑影响可靠性的各种因素。

（3）应针对故障模式（即系统、部件、元器件故障或失效的表现形式）进行设计，最大限度地消除或控制产品在寿命周期内可能出现的故障模式。

（4）在进行产品可靠性的设计时，应对产品的性能、可靠性、费用、时间等因素进行权衡，以便做出最佳设计方案。

（5）可靠性设计时应考虑产品或系统出现故障之后维修的可操作性，简便后续的维护、保养、维修过程及技术难度。

（6）可靠性设计准则应该交由设计准则编写人员统一编写、整理，使之条理化、系统化、科学化。

4.2　系统可靠性的设计内容

在系统设计过程中，从可靠性工程出发，采取一系列设计措施以提高系统的可靠性和安全性水平，使其达到预定的性能指标。

1. 总体设计

总体设计（Overall Design）时，通过系统可靠性指标的分配和预计，进行优化设计，使之在现有条件下具有一定的可靠性，如图 4.1 所示。

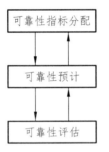

图 4.1　可靠性指标分配

2. 系统容错设计

所谓容错设计（Fault-tolerant Design），就是在系统结构上通过增加冗余资源的方法来掩盖故障造成的影响，使得即使出错或发生故障，系统的功能仍不受影响，仍然能正确地执行预定算法的技术。因此，容错技术也称为冗余技术或故障掩盖技术，即用冗余资源来换取高可靠性。其冗余的方法可以是硬件冗余、软件冗余、信息冗余，也可以是时间冗余。

3. 可靠性设计的过程

进行可靠性设计（Reliability Design），首先需要对可靠性指标进行预计和分配，对故障模式进行分析后，不断对可靠性预计和分配进行更新和迭代；其次，选择合适的方法、预计系统的可靠性水平，找出薄弱环节；最后，采取合适的设计方法，提高系统的可靠性。设计过程中元器件是基础，设计是关键，环境是保证。

4.3　系统可靠性的基本要求

可靠性的要求是进行可靠性设计、分析、制造、验证的依据，只有在透彻地了解这些要求后，才能将可靠性正确地设计、生产到产品中去。可靠性的要求分为定量要求及定性要求。

1. 系统可靠性的定量要求

系统可靠性的定量要求是指选择和确定产品的可靠性参数、指标以及验证时机和验证方法，以便在设计、生产、试验验证和使用过程中用量化的方法评价或验证产品的可靠性水平。系统可靠性的定量要求是影响产品可靠性的关键因素，科学合理地提出可靠性的定量要求是保证产品可靠性的必要条件，必须合理而明确地确定产品的故障判据，才能使可靠性的定量要求得以正确实施。

系统可靠性的定量要求中的参数是描述系统可靠性的度量，可靠性指标是可靠性参数的量值，对于每一个适用的可靠性参数均应规定适用目标和门限值。系统可靠性的定量要求一般可分成基本可靠性要求和任务可靠性要求。基本可靠性要求反映了产品对维修人力费用和后勤保障资源的需求，确定其可靠性指标时应统计产品的所有寿命单位和所有的故障。任务可靠性要求是指产品在规定的任务剖面中完成功能的能力，确定其可靠性指标时仅考虑在任务期间那些影响任务完成时的故障（即致命性故障）。

2. 系统可靠性的定性要求

系统可靠性的定性要求一般指在产品研制过程中用一种非量化的形式采取的可靠性设计措施，以保证与提高产品可靠性。这些要求都是概要性的设计措施，在具体实施过程时，需要根据产品的实际情况而细化。

系统可靠性定性要求的主要内容有：制定和贯彻可靠性设计准则、简化设计、余度设计、降额设计、耐环境设计、非电子产品可靠性设计、非工作状态下贮存期控制设计、软件可靠性设计、容错设计。

4.4 系统可靠性的设计方法

制定和贯彻可靠性设计准则的目的是将可靠性要求及使用中的约束条件转换为设计边界条件，给设计人员规定专门的技术要求和设计准则，以提高产品可靠性。系统可靠性设计准则主要内容包括：概述、目的、适用范围、依据、可靠性设计准则部分。

（1）概述（Summary）。概述部分应说明产品名称、型号、功能和配套关系；产品合同规定的可靠性定性要求、定量要求等。

（2）目的（Purpose）。说明编制可靠性设计准则的目的，一般是为了保证实现产品规定的可靠性要求。可靠性设计准则用以指导设计人员进行可靠性设计，亦是评价产品可靠性设计的一种依据。

（3）适用范围（Scope of Application）。适用范围部分应说明编制的准则适用于何种型号、产品或者何种系列产品。

（4）依据 （Basis）。依据部分应说明编制可靠性设计准则的主要依据，一般包括：合同规定的可靠性定性要求、定量要求；合同规定引用的有关规范、标准、手册等提出的可靠性设计准则；同类型产品的可靠性设计经验以及可供参考采用的通用可靠性设计准则；产品的类型、重要程度及使用特点等。

4.4.1　系统可靠性的简化设计

系统可靠性简化设计的目的是减少产品的复杂性，使其简单化，尽可能提高系统的基本可靠性。

1. 简化设计可以提高产品的固有可靠性

设一个产品由 k 个单位串联组成，第 i 个单元的可靠度为 R_i，不可靠度为 F_i，则整个系统可靠度：

$$R_s = \prod_{i=1}^{k} R_i$$

$$F_i = 1 - R_s - \prod_{i=1}^{k}(1 - F_i)$$

当 F_i 都很小时，有

$$F_s = \sum_{i=1}^{k} F_i$$

因此，产品越复杂，组成的单位越多，则产品的可靠度 R_s 就越小。产品越复杂，故障越容易发生，引起的维修和保障的要求越高。

2. 简化设计可以降低维修成本

采用简化设计的方法，可使在满足性能要求的前提下，减少产品组成单元数量，不仅可以获得产品可靠性的提升和易于维修的效果，还可以因为产品结构简化而降低其生产成本。为实现简化设计，应注意如下基本原则：尽可能减少产品组成部分的数量及相互间的连接；尽可能实现零、组、部件的标准化、系列化和通用化，控制非标准零、组、部件的比例；尽可能减少标准件的规格、品种数，争取用较少的零、组、部件实现多种功能；尽可能采用经过反复验证的可靠性有保障的零、组、部件或者整机；尽可能采用模块化设计。

4.4.2　系统可靠性的余度设计

余度（Redundant）是指系统或设备具有一套以上能完成给定功能的单元，只有当规定的几套单元都发生故障时系统或设备才会丧失功能，这就使系统或设备的任务可靠性得到提高。但是，余度会使系统或设备的复杂性、重量和体积增加，使系统或设备的基础可靠性降低。决定系统或设备是否需要使用余度设计是一个需要探究的过程。现有一种工程经验认为，只有当采用更好性能的元器件或采用简化设计、降额设计等方法都无法满足系统或设备的可靠性要求时，才会考虑采用余度设计。因为当开发更高可靠性基础元器件的速度赶不上新装备、新设备的发展速度时，采用可靠性不高的元器件或零组件，通过余度设计可以构成高或超高的可靠性系统，并使系统的故障率降低数个量级，也可以获得良好的使用效果。因此，余度技术是系统或设备获得高可靠性、高安全性和高生存能力的设计方法之一。特别是当基础元器件或零部件质量与可靠性水平比较低、采用一般设计已经无法满足设备的可靠性要求时，余度技术就具有重要的应用价值。余度技术可以根据工作余度或非工作余度（备用余度）两大类细分为 8 种余度结构。

4.4.3　系统可靠性的降额设计

降额设计就是使零部件的使用应力低于其额定应力的一种设计方法。这种方法不仅可以降低基本故障率、提高使用可靠性，还能提高零部件的强度。许多工程经验证明，大多数机械零件和电子元器件在低于额定承载应力条件下工作时，其故障率较低。对于各类载荷能力以及承受这些应力的零部件强度在一定范围内呈不确定分布时，可以采用提高平均强度、降低平均应力、减少应力变化和减少强度变化等方法提高可靠性。对于涉及安全的重要零部件，还可以采用极限设计方法，以保证其在最恶劣的状况也不会发生故障。在最佳降额范围内，降额设计一般分为 3 个降额等级：

（1）Ⅰ级降额。Ⅰ级降额是最大降额。其设计适用于设备故障将会危机安全、导致任务失败和造成严重经济损失等情况，它是保证设备可靠性所必需的最大降额。若采用比它还大的降额，不但设备的可靠性不会再增大多少，而且在设计上也是难以接受的。

（2）Ⅱ级降额。Ⅱ级降额是中等降额。其设计适用于设备故障会使工作任务降级和发生不合理维修费用等情况，它的降额等级比Ⅰ级降额要低，但是会比Ⅰ级降额更容易实现。

（3）Ⅲ级降额。Ⅲ级降额是最小降额。其设计适用于只对任务完成有很小影响且可以经济修复的情况。该降额等级的可靠性改善的效益相对最大，但可靠性改善的效果不如Ⅰ级和Ⅱ级降额，但易于实现。

4.4.4　系统可靠性的健壮设计

健壮设计（Robust Design）是一种有效保证产品或系统高质量的设计方法。这种设计方法会使系统的性能对制造或使用期限（包括维修、运输、贮存）的变异不敏感，使系统在其寿命周期内，不管其参数、结构如何发生漂移或老化，都能持续满意地工作。传统的健壮设计方法通常以 20 世纪 70 年代末、80 年代初的日本学者田口光一（G. Taguchi）博士所创立的三次设计法（又叫损失模型法）为典型代表。但是近几年，随着计算机的发展，健壮设计方法被注入诸多新内容，逐渐形成了近代的健壮设计方法。

1. Taguchi 法

Taguchi 法又称损失模型法或三次设计法，强调任何一种产品或一个过程的设计都必须经过系统设计、参数设计和容差设计 3 个阶段。通过用正交表对设计参数及其设定的容差大小安排进行试验，模拟设计参数和噪声参数对产品质量的干扰，并以望目损失函数和望目特性的信噪比的大小，作为衡量产品质量特性的稳定性指标，以确保设计的产品获得质量特性的稳定。这一方法适用于少量参数、单质量指标和无约束问题的产品上，一经提出就被日本工业界所采用，并在国际上被推广应用。

2. 响应面法（the Response Surface Methodology）

响应面法或响应模型来源于 20 世纪 70 年代的统计试验设计法，可以同时处理含有设计参数和噪声参数对产品的影响问题。它是欧美国家近年来比较流行的一种工程健壮设计方法。该方法一般分参数筛选、区域寻找和优化 3 个阶段进行。这一方法如果遇到噪声参数和相关参数的维数较高时，将会使模型的拟合变得非常复杂和困难。但如今计算机技术的飞速发展，使得设计人员可以通过 CAD/CAE 软件就能比较容易控制产品的质量设计。

3. 容差多面体法（Tolerance Polyhedron Method）

一般来说，容差越大，产品的成本就越低。因此，容差多面体法的基本思想是通过调整设计变量及容差的大小，提高产品对一些因素干扰的不灵敏性。此方法的缺点是只考虑可控因素变差的影响，适用于最坏情况的容差的最优设计等问题。

4. 灵敏度法（the Sensitivity Method）

健壮性是指产品质量性能指标对可控因素和不可控因素变差影响的不灵敏性。因此，可用灵敏度分析理论对产品进行健壮设计。设计方法包括灵敏度分析法和最小灵敏度法。用灵敏度进行健壮设计是一种未考虑设计变量容差的方法。

5. 变差传递法（Variation Transfer Method）

该方法类似误差分析中的误差传递法，即可控因素与不可控因素之间所发生的变差都将传递给反映产品质量的性能函数，引起质量性能指标的波动。这种方法只适用于当可控因素与不可控因素变差较小的情况。

6. 随机模型法（Random Model Method）

由于可控因素和不可控因素大多具有随机性，因此采用随机模型进行健壮设计有着重要的应用价值。对于最优解的可行健壮性设计是指当可控因素与不可控因素发生变动时，设计解仍保证是可行的；而对质量性能指标的健壮性设计则表示对可控因素与不可控因素变动的影响是不灵敏的。

4.4.5　系统可靠性的容错设计

容错是指系统运行中允许发生故障，但可采用某种专门技术以完全或部分消除故障的影响，使系统正常运行或运行于可接受的状态。故障有永久性、瞬间性和间歇性之别。对于瞬间性和间歇性的故障不能采取检测定位等措施，但可以考虑随机地消除其租用，使其不影响到运算结果的正确性。由于瞬间性故障占全部故障的大多数，已成为容错技术的主要对象。运行中产生的永久性故障，也可暂时消除其影响，但根本方法是检测出其存在位置，方便维修。

造成异常状态的原因有：外部原因，包括温度、湿度、振动、冲击、噪声、停电等物理因素以及操作人员操作不当等人为因素；内部原因，包括期间的偶然性故障和长时间使用后性能退化以及经过试验未能发现的软件及硬件缺陷等引起的错误等。

重点与难点

重点：① 可靠性设计基本准则；② 系统可靠性的降额设计；③ 系统可靠性的耐环境设计。

难点：系统可靠性的设计方法。

思考与练习

（1）简述系统可靠性的设计内容。

（2）简述可靠性设计基本准则。

（3）系统可靠性的基本要求是什么？

（4）系统可靠性的健壮设计中主要有哪几种方法？

（5）造成系统异常状态的原因有哪些？

第 5 章　系统可靠性的预计与分配

　　产品生产中不但要确定产品的目的和途经、所要求的功能、条件和环境条件，而且还要有可靠性指标的要求。如果想要得到高可靠性的产品，必须进行产品可靠性定量指标的控制。这就需要在设计时，对未来产品的可靠性进行定量的计算，合理地分配组成件的可靠性，使产品的可靠性定量指标设计达到要求。在使用时，对产品进行可靠性指标评估，以论证其与设计可靠性的差距，从而科学地确定弥补措施。

5.1　系统可靠性的预计方法

　　产品可靠性预计是可靠性工程的重要工作项目之一，是可靠性设计、可靠性分析、可靠性试验等工作的基础。因此，国内外都投入大量人力、资金进行这项工作。可靠性预计方法经过三十多年的应用和发展，已不仅仅被军品企业所采用。由于科技进步的速度越来越快，尤其是电子元器件水平与种类的迅速发展，传统的可靠性预计方法也不断地迎来挑战。

　　预计是根据系统的元件、部件和分系统的可靠性来推测系统的可靠性，是一个由局部到整体、由小到大、由下到上的过程，是一个综合的过程。分配是把系统规定的可靠性指标分给分系统、部件及元件，使整体和部分协调一致，是一个由整体到局部、由大到小、由上到下的过程，是一个分解的过程。为了对所设计的产品在不同的设计阶段均能预估其可靠性水平，并发现存在的问题，来提高设备的可靠性和安全性，以免在使用过程中发生故障，必须对可靠性进行预测。

　　系统可靠性预测就是利用过去积累的可靠性资料数据（用户、工厂、实验室的可靠性数据），综合元器件的失效数据，较为迅速地预测出产品的可靠性大致指标。

系统可靠性预计的目的有：

（1）预计产品的可靠度值，检验本设计能否满足预定的可靠性目标；

（2）协调设计参数及性能指标，合理地提高产品的可靠性；

（3）找出影响产品可靠性的主要因素，找出薄弱环节，以采取必要的措施，降低产品的失效率，提高其可靠度；

（4）对不同的设计方案的特点及可靠度进行比较，以选择最佳的设计方案。

5.1.1　系统可靠性的预计分类

系统可靠性参数有多种，为了预计某个特定的可靠性指标，就必须建立相应的可靠性模型。系统可靠性预计按照参数不同可以分为基本可靠性预计和任务可靠性预计。

1. 基本可靠性模型

基本可靠性模型是用串联模型预计产品及其单元对维修和保障的要求。基本可靠性预计可以表明由于产品的不可靠性，给维修和保障所增加的负担。

2. 任务可靠性模型

任务可靠性模型是用以预计产品在规定的任务剖面内的可靠性，一般是利用串联—并联模型预计产品成功地完成规定的任务的能力，以便为产品的作战效能分析提供依据。

基本可靠性预计和任务可靠性预计应结合应用。在产品设计的早期阶段，当系统的详细构成尚未细化确定前，任务可靠性预计往往较难进行，此时一般可做必要的基本可靠性预计。随着设计工作的深入开展，两种预计可同时进行，其预计结果可以为设计人员提供权衡设计的依据。

预计时，若基本可靠性不足，可以采用简化设计，使用高质量的元器件或调整性能容差等方法来弥补；若任务可靠性不足，则可以采用余度方法来解决。

5.1.2 系统可靠性的预计方法

系统可靠性预计是可靠性设计的重要任务之一，它在系统设计的各阶段（如方案论证、初步设计及详细设计阶段）要反复进行。根据设计任务书要求，预计基本可靠性或任务可靠性。将预计值和要求值相比较，当预计结果不能满足其规定要求时，应改进设计来满足系统可靠性指标。

1. 数学均分法（Mathematical Equable Method）

数学均分法就是依据组成系统的各单元间的可靠数学模型，按概率运算法则，预计系统可靠度的一种方法，是一种经典的方法。工程上，其具体步骤是：建立系统的可靠性逻辑框图及可靠性数学公式，并利用相应的公式，依据已知条件求出系统的可靠度。

若基本可靠性模型为串联模型，设系统各组成单元之间相互独立，则系统可靠性为

$$R_s(t_s) = R_1(t_1) \cdot R_2(t_2) \cdot \cdots \cdot R_n(t_n)$$

式中　　$R_i(t_i)$——第 i 个单元可靠度；

　　　　t_s——系统工作时间；

　　　　t_i——第 i 个单元工作时间。

严格地说，系统内各组成单元的工作时间并非一致。工程上为简单起见，将系统内各单元工作时间视为相等，各单元工作时间视为相等，且各单元均服从指数分布，即设：

$$t_1 = t_2 = \cdots = t_n = \cdots = t_s$$

$$R_i(t_i) = e^{-\lambda_i t_i}$$

式中，λ_i 为第 i 个单元故障率。

各单元均服从指数分布，则系统的可靠度为

$$R_s(t_s) = \mathrm{e}^{-\lambda_1 t_1} \cdot \mathrm{e}^{-\lambda_2 t_2} \cdots \mathrm{e}^{-\lambda_n t_n}$$
$$= \mathrm{e}^{-(\lambda_1 + \lambda_2 + \cdots + \lambda_n)t_s}$$
$$= \mathrm{e}^{-\sum_{i=1}^{n} \lambda_i t_s}$$

因各单元均服从指数分布，且为串联模型，则系统必然也服从指数分布，即

$$R_s(t_s) = \mathrm{e}^{-\lambda_s t_s}$$
$$= \mathrm{e}^{-\sum_{i=1}^{n} \lambda_i t_s}$$

由此可得系统的故障率：

$$\lambda_s = \sum_{i=1}^{n} \lambda_i \qquad (5.1)$$

式中，λ_i 为第 i 个分系统的故障率。

对于串联模型，预计其系统的故障率等于各单元故障率之和。另外，若系统中有部分单元工作时间少于系统工作时间，则根据公式（5.1）预计的结果一定是偏保守的。数学模型法的优点是计算比较精确，缺点是比较麻烦，且需要画出系统的逻辑图。

2. 上、下限法（Upper and Lower Limit Method）

上、下限法又称边值边。对于一个复杂的系统，采用数学模型法很难得到可靠性函数表达式，此时忽略一些次要因素，用近似的数值来迫近系统的可靠性真值，这就是上下限法的基本思想。

上、下限法是首先求出系统的可靠度上限；然后假设并联单元不起冗余作用，全部作为串联处理求出系统可靠度的下限值；最后综合后得出系统的可靠度。上、下限法要分三个步骤进行：计算上限值、计算下限值及上下限的综合。

第一步：上限值的计算。当系统中并联子系统的可靠性很高时，可认为这些并联部件或冗余部分可靠度近似为 1，系统失效主要是由串联单元引起的。

系统可靠度的上限初始值：

$$R_{u_0} = R_1 R_2 \cdots R_m$$
$$= \prod_{i=1}^{m} R_i$$

式中，R_i 为系统中各串联单元的可靠度。

第二步：下限值的计算。把系统中所有组成单元都看成是串联的，得出系统可靠度的初始值。

系统可靠度的下限初始值：

$$R_{L_0} = R_1 R_2 \cdots R_n$$
$$= \prod_{i=1}^{n} R_i$$

式中，R_i 为系统中所有单元的可靠度。

考虑系统并联子系统中 1 个单元失效，系统正常工作的概率：

$$R_{L_1} = \prod_{i=1}^{n} R_i \left(1 + \sum_{j=1}^{n_1} \frac{F_j}{R_j} \right)$$

式中，n_1 为系统中并联单元数。

考虑的情况越多，结果越精确，计算也就越复杂，也就失去了这个方法的优点。

第三步：上下限的综合。按上下限值综合预计系统的可靠度：

$$R_s = 1 - \sqrt{(1 - R_U)(1 - R_L)}$$

式中 R_s——系统中所有单元的可靠度；

R_L——系统中所有单元的可靠度下限值；

R_U——系统中所有单元的可靠度上限值。

【例 5.1】 系统可靠性逻辑框图如图 5.1 所示，已知各单元的任务失效概率为

$$F_A = 0.052\ 1; \qquad F_B = 0.027\ 6; \qquad F_C = 0.032\ 5; \qquad F_D = 0.062\ 4;$$
$$F_E = 0.097\ 9; \qquad F_F = 0.064\ 7; \qquad F_G = 0.026\ 5; \qquad F_H = 0.075\ 8$$

试用上、下限法求系统的可靠度，并与数学模型法的结果比较。

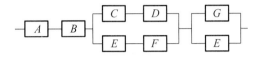

图 5.1　某系统可靠性逻辑图

解（1）各单元的可靠度：

$$R_A = 1 - F_A = 0.947\ 9, \qquad R_B = 1 - F_B = 0.972\ 4$$
$$R_C = 1 - F_C = 0.967\ 5, \qquad R_D = 1 - F_D = 0.937\ 6$$
$$R_E = 1 - F_E = 0.902\ 1, \qquad R_F = 1 - F_F = 0.955\ 3$$
$$R_G = 1 - F_G = 0.937\ 5, \qquad R_H = 1 - F_H = 0.924\ 2$$

（2）系统的上限值：

$$
\begin{aligned}
R_{U_0} &= R_A R_B \\
&= 0.947\ 9 \times 0.972\ 4 \\
&\approx 0.921\ 7
\end{aligned}
$$

（3）系统的下限值：

$$
\begin{aligned}
R_{L_1} &= \prod_{i=1}^{n} R_i \left(1 + \sum_{j=1}^{n_1} \frac{F_j}{R_j} \right) \\
&= R_A \cdots R_H \left(1 + \frac{F_C}{R_C} + \cdots + \frac{F_H}{R_H} \right) \\
&\approx 0.880\ 4
\end{aligned}
$$

（4）系统的可靠度：

$$
\begin{aligned}
R_s &= 1 - \sqrt{(1 - R_U)(1 - R_L)} \\
&= 1 - [(1 - 0.921\ 7)(1 - 0.880\ 4)]^{1/2} \\
&\approx 0.903\ 257
\end{aligned}
$$

3. 元件计数法（Element Counting Method）

元器件计数法是根据系统内包含的元器件数量及其可靠性水平来预计系统可靠度或 MTBF 的一种方法。该方法适用于方案阶段用以初步、快速估计设备可靠性水平。若一个系统的单元、器件的种类数为 N，第 i 种元器件数量为 n_i，则系统的失效率为

$$\lambda_s = \sum_{i=1}^{n} n_i \lambda_i$$

4. 相似产品法（Similar Product Method）

相似产品法是利用成熟的相似产品所得到的经验数据来估计新产品的可靠性。陈述产品的可靠性数据来自现场使用评价和实验室结果。这种方法在研制初期被广泛应用，也适用于研制的任何阶段。尤其是非典产品，查不到故障率数据，全靠自身数据的积累。成熟产品的详细故障记录越全面，比较的基础越好，预计的准确度就越高，当然还取决于产品的相似程度。

预计的基本公式：

$$\lambda_s = \sum_{i=1}^{n} \lambda_i$$

或者

$$\frac{1}{T_{BF}} = \sum_{i=1}^{n} \frac{1}{T_{BF_i}}$$

式中　T_{BF} ——系统的 MTBF（h）；
　　　T_{BF_i} ——第 i 个分系统的 MTBF（h）。

5. 故障率预计法（Failure Rate Prediction Method）

当研制工作进展到详细设计阶段，已有了产品原理图和结构图，选出了元部件，已知它们的类型、数量、环境及使用应力，并已具有实验室常温条件测得的故障率时，可采用故障率预计法。这种方法对电子与非电子产品均适用。其详细步骤为：

（1）根据产品功能图画出可靠性框图。

（2）按照可靠性框图建立相应的数学模型。

（3）确定各方框中元部件或设备的故障率，该故障率应为工作故障率，在实验室常温条件下测得的故障率为基本故障率。对于非电子产品，只考虑降额因子 D 和环境因子 K 对 λ 的影响。非电子产品的工作故障率为

$$\lambda = \lambda_G \cdot K \cdot D$$

式中　λ——工作故障率（1/h）；

　　　λ_G——基本故障率（1/h）；

　　　K 和 D 的值根据工程经验确定。

6. 专家评分法（Experts Grading Method）。

专家评分法需要依靠有经验的工程技术人员的工程经验，按评分结果，由已知的某单元故障率根据评分系数算出其余单元的故障率。

（1）评分考虑的因素可按产品特点而定。常用的有 4 种评分因素，每种因素的分数在 1~10 之间。以此类推。

① 复杂度：根据分系统的元部件数量以及它们组装的难易程度来评定，最容易的评 1 分，最复杂的评 10 分。以此类推。

② 技术发展水平：根据分系统目前的技术水平和成熟来评定，水平最低的评 10 分，水平最高的评 1 分。以此类推。

③ 工作时间：根据分系统工作时间来评定。系统工作时，分系统一直工作的评 10 分，工作时间最短的评 1 分。以此类推。

④ 环境条件：根据分系统所处的环境来评定，分系统工作过程中会经受极其恶劣和严酷的环境条件的评 10 分，环境条件最好的评 1 分。以此类推。

（2）专家评分的实施概要。已知某分系统的故障率为 λ^n，计算出其他分系统故障率 λ_i 为

$$\lambda_i = \lambda^n \cdot C_i$$

式中　i——分系统数量；

C_i——第 i 个分系统评分系数，且 $C_i = \dfrac{\omega_i}{\omega^*}$。

其中　　ω^* 是故障率为 λ^* 的分系统的评分数；

ω_i 为第 i 个分系统的评分数，且

$$\omega_i = \prod_{j=1}^{4} r_{ij} \qquad\qquad (5.2)$$

式（5.2）中，r_{ij} 为第 i 个分系统、第 j 个因素的评分数，且 j 因素可以用数字表示，即 $j=1$ 表示复杂度、$j=2$ 表示技术发展水平、$j=3$ 表示工作环境、$j=4$ 表示环境条件。

5.2　系统可靠性的分配方法

可靠性分配将工程设计规定的系统可靠度指标合理地分配给组成系统的各个单元，确定系统各组成单元的可靠性定量要求，从而保证整个系统的可靠性指标。

5.2.1　系统可靠性的分配目的

系统可靠性的分配目的是使各级设计人员明确其可靠性设计要求，根据要求估计所需的人力、时间和资源，并研究实现这个要求的可能性及办法；促使设计者全面考虑诸如重量、费用和性能等因素，以期获得"技术上合理，经济上效益高，时间上见效快"。如同性能指标一样，可靠性分配是设计人员在可靠性方面的一个设计目标。

系统可靠性分配与可靠性预计的关系：系统可靠性分配结果是可靠性预计的依据和目标，系统可靠性预计结果是可靠性分配与指标调整的基础。

5.2.2　系统可靠性的分配准则

系统可靠性分配的过程与可靠性预计是反复进行的，直到能满足要求为止。图 5.2 显示的是分配可靠性指标和设计准则的过程。

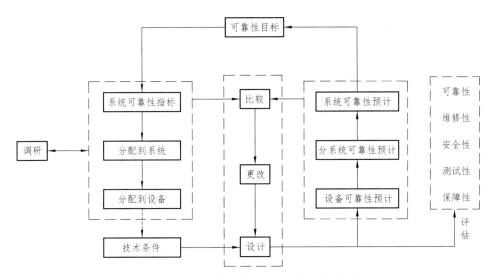

图 5.2　确定可靠性指标和设计准则的过程

1. 系统可靠性的分配程序

系统可靠性主要的分配标准有：

（1）明确系统可靠性参数指标要求；

（2）分析系统特点；

（3）选取分配方法（同一系统可选多种方法）；

（4）准备输入数据；

（5）进行可靠性分配；

（6）验算可靠性指标要求。

2. 系统可靠性的分配原理

明确系统可靠性参数指标要求、分析系统特点、选取分配方法（同一系统可选多种方法）、准备输入数据、进行可靠性分配、验算可靠性指标要求，即确定可靠性的分配原理。系统可靠性分配是求解下面的基本不等式：

$$R_S(R_1, R_2, \cdots, R_i, \cdots, R_n) \geqslant R_s^* \tag{5.3}$$

$$\vec{g}_S(R_1, R_2, \cdots, R_i, \cdots, R_n) < \vec{g}_s^* \tag{5.4}$$

式中　R_s^*——系统的可靠性指标；

　　　$R_1, R_2, \cdots, R_n$——分配给第 1 到 n 个分系统的可靠性指标。

对于简单串联系统而言，式（5.3）就转换为

$$R_1(t) \cdot R_2(t) \cdots R_i(t) \cdots R_n(t) \geqslant R_s^*(t)$$

如果对分配没有任何约束条件，则式（5.3）、式（5.4）可以有无数个解；若有约束条件，也可能有多个解。因此，可靠性分配的关键在于要确定一种方法，通过它能得到合理的可靠性分配值的唯一解或有限数量解。

3. 系统可靠性的分配准则

在进行可靠性分配时，需遵循下面几条准则：

（1）成熟准则（Maturity Criterion）：可靠性分配的要求值应是成熟期的规定值。

（2）余量准则（Residual Criterion）：为了减少分配的反复次数，并考虑到分配中存在忽略不计的其他因素项目，可靠性分配时应该留出一定的余量。

（3）早期准则（Early Criterion）：可靠性分配应在研制阶段早期，即开始进行。

（4）阶段准则（Stage Criterion）：根据不同研制阶段，选定分配方法进行分配。

（5）复杂准则（Complex Criterion）：对于复杂度高的分系统、设备等，应分配较低的可靠性指标，因为产品越复杂，其组成单元就越多，要达到高可靠性就越困难并且更为费钱。

（6）技术准则（Technical Criterion）：对于技术上不成熟的产品，应分配较低的可靠性指标。对于这种产品提出高可靠性要求，会延长研制时间，增加研制费用。

（7）环境准则（Environmental Criterion）：对于处于恶劣环境条件下工作的产品，应分配较低的可靠性指标，因为恶劣的环境会增加产品的故障率。

（8）时间准则（Time Criterion）：当把可靠度作为分配参数时，对于需要长期工作的产品，应分配较低的可靠性指标，因为产品的可靠性随着工作时间的增加而降低。

（9）重要性准则（Importance Criterion）：对于重要度高的产品，应分配较高的可靠性指标，因为重要度高的产品的故障会影响人身安全或任务的完成。

5.2.3　系统可靠性的分配方法

将系统需要达到的可靠性水平，相等地分配到各子系统，这种方法称为可靠度分配法，也称均衡分配法。分配中不考虑成本、失效率、安全性等实际情况，以统一标准分配可靠度。目前可靠性的分配方法有：

（1）无约束分配法（Unconstrained Distribution Method）：等可靠性分配法、再分配法、等系统失效率预计值法、考虑重要度和复杂度的分配方法。

（2）有约束分配法（constrained Distribution Method）：拉格朗日乘数法、动态规划法、直接寻查法。

1. 无约束分配法——等分配法（Equal Distribution Method）

对系统中的全部单元配以相等的可靠度的方法。

（1）串联系统的等可靠度分配法。串联系统可靠度分配：串联系统的可靠度取决于系统中的最弱单元，当系统中的 n 个单元具有近似的复杂程度、重要性以及制造成本时，可用等分配法分配系统各单元的可靠度。基于这种考虑，各子系统应取相同的可靠度进行分配。对于串联系统，为使系统达到规定的可靠度水平 R_s，各子系统也应具有相当的可靠性水平，其关系式为

$$R_s = R_1 \cdot R_2 \cdots \cdot R_n = \prod_{i=1}^{n} R_i = R_0^n$$

$$R_0 = R_s^{1/n}$$

【例 5.2】　一台汽车保修设备，由四部分串联组成，要求总体可靠度达到 $R_s = 0.92$，其中已知某一部分的可靠度为 0.98，按等可靠度分配法确定其余三部分的可靠度。

解 设已知的可靠度 $R_1 = 0.98$，其余部分的可靠度为 R_0，按照串联系统的等可靠度分配法的计算公式，有

$$R_s = R_1 R_0^3$$

所以，其余部分的可靠度为

$$R_0 = \sqrt[3]{\frac{R_s}{R_1}} = \sqrt[3]{\frac{0.92}{0.98}} \approx 0.979\ 1$$

因此，其余 3 部分的可靠度为 0.979 1。

（2）并联系统的等可靠性分配法。并联系统可靠度分配：当系统的可靠度要求很高，而选用的单元又不能满足要求时，可选用 n 个相同单元并联起来。并联系统的等可靠度分配法的公式为

$$F_i = F_s^{1/n} = (1 - R_s)^{1/n}$$

并联系统的等可靠度为

$$R_0 = R_i = 1 - F_i\ ,\quad i = 1, 2, \cdots, n$$

式中　F_s——系统要求的不可靠度；

　　　　F_i——第 i 个单元分配到的不可靠度；

　　　　R_s——系统要求的可靠度；

　　　　n——并联单元数。

【例 5.3】 由三个单元组成的并联系统，要求系统可靠度达到 0.95，求每个单元的可靠度。

解 已知 $R_s = 0.98$，设每个单元的可靠度为 R_0，则

$$\begin{aligned}
F_i = F_s^{1/n} &= (1 - R_s)^{1/n} \\
&= (1 - 0.95)^{1/3} \\
&\approx 0.368\ 4
\end{aligned}$$

计算可得

$$\begin{aligned}
R_0 &= 1 - F_i \\
&= 1 - 0.368\ 4 \\
&= 0.631\ 6
\end{aligned}$$

等可靠度分配法的优点是比较简单；其缺点是没有考虑各子系统的重要性、成本高低、修复的难易程度、现有可靠性水平等。

2. 无约束分配法——再分配法（Redistribution Method）

利用等分配法对串并联系统进行可靠度分配，可先将串并联系统简化为等效的串联系统和等效单元，再给同级等效单元分配相同的可靠度。串联系统中，可靠性越低的单元越容易改进。所以，把原来可靠性较低的单元的可靠度全部提高到某个值，而原来可靠度较高的单元的可靠度则保持不变。

通过计算得到各分系统的可靠度 $R_1, R_2, \cdots, R_n$，则系统可靠度为

$$R_s = \prod_{i=1}^{n} R_i \qquad (5.5)$$

式中 $i = 1, 2, \cdots, n$——分系统数量。

如果 $R_s < R_s^*$（规定的可靠性指标），即所设计的系统不能满足规定的可靠度字表的要求，那么就需要进一步改进原设计以提高其可靠度，也就是要求对各分系统的可靠性指标进行再分配。可靠度的再分配就是用来解决这个问题的。根据以往的经验，可靠性越低的分系统（或元部件）改进起来越容易，反之越困难。可靠度再分配法的基本思想是把原来可靠性较低的分系统的可靠度全部提高到某个值，而原来可靠度较高的分系统的可靠性仍保持不变。其具体步骤如下：

（1）根据各分系统的可靠度的大小，由低到高依次排列为

$$R_1 < R_2 < \cdots R_{k_0} < R_{k_0+1} < \cdots R_n$$

（2）按可靠度再分配法的基本思想，把较低的可靠度 $R_1, R_2, \cdots, R_{k_0}$ 都提高到某个值 R_0，而原来较高的可靠度 $R_{k_0+1} \cdots R_n$ 保持不变，则系统可靠度为

$$R_s = R_0^{k_0} \prod_{i=k_0+1}^{n} R_i \qquad (5.6)$$

（3）确定 k_0 和 R_0，也就是要确定哪些分系统的可靠度需要提高，以及提高到什么程度。k_0 可以通过下面不等式求得

$$r_j = (R_s^* / \prod_{i=j+1}^{n+1} R_i)^{1/j} > R_j \tag{5.7}$$

令

$$R_{n+1} = 1$$

k_0 就是满足不等式（5.7）的 j 的最大值：

$$R_0 = \left(\frac{R_s^*}{\prod_{i=k_0+1}^{n+1} R_i} \right)^{\frac{1}{k_0}} \tag{5.8}$$

【例 5.4】 一个系统由 3 个分系统串联而成，预计它们的可靠性分别为 0.7、0.8 和 0.9，则系统可靠度 $R_s = 0.504$，规定的系统可靠度 $R_s^* = 0.68$。试着对 3 个分系统进行可靠度再分配。

解 已知 $R_s^* = 0.68$，$n = 3$，则原分系统的可靠度由低到高依次排列为

$$R_1 = 0.7, R_2 = 0.8, R_3 = 0.9$$

按公式（5.8）确定 k_0，由公式（5.5）可得到 $R_{n+1} = R_4 = 1$。则
当 $j = 1$ 时，

$$r_1 = \left(\frac{R_s^*}{R_2 R_3 R_4} \right) = \left(\frac{0.68}{0.8 \times 0.9 \times 1} \right)^{1/1}$$
$$= 0.944 > R_1$$

当 $j = 2$ 时，

$$r_2 = \left(\frac{R_s^*}{R_3 R_4} \right) = \left(\frac{0.68}{0.9 \times 1} \right)^{1/2}$$
$$= 0.869 > R_2$$

当 $j = 3$ 时，

$$r_3 = \left(\frac{R_s^*}{R_4} \right) = \left(\frac{0.68}{1} \right)^{1/3}$$
$$= 0.879 < R_3$$

k_0 是满足公式（5.8）的 j 的最大值，因此 $k_0 = 2$。确定 R_0：

$$R_0 = \left(\frac{R_s^*}{\prod\limits_{i=k_0+1}^{n+1} R_i} \right)^{1/k_0} = \left(\frac{0.68}{0.9 \times 1} \right)^{1/2}$$

$$= 0.87$$

得到 $R_1 = R_2 = R_0 = 0.85, R_3 = 0.9$，即第一个、第二个分系统的可靠度均提高到 0.85，而第三个分系统的可靠度保持不变。系统可靠度 R_s 按照公式（5.6）算出：

$$R_s = R_0^{k_0} \prod_{i=k_0+1}^{n} R_i = R_0^2 R_3$$

$$= 0.87^2 \times 0.9 = 0.68$$

$$= R_s^*$$

经过可靠度再分配后，新系统满足了规定的可靠度指标。

3. 无约束分配法——相对失效率分配法（Relative Failure Rate Distribution Method）

以预测（即原有）失效率为依据，将分配于各子系统的（容许）失效率正比于预测（原有）失效率，这种分配方法称为相对失效率分配法。相对失效率分配法的基本思想是根据相对失效率分配方法的原则，分配于各子系统的（容许）失效率大小，与预测失效率有很大关系。预测的失效率越大，分配给它的失效率也越大；反之，可靠性越高的产品，分配的（容许）失效率也越小。这种分配方法，通常适用于失效率为常数的单元组成的串联系统，单元和系统的寿命均服从指数分布，分配过程中依照失效率作分配。

分配思想：可靠性模型正确、预计方法统一、数据相对关系正确，那么可靠性预计结果基本能反映出系统各组成单元之间的复杂程度、技术难易程度、可靠性水平。它适用于系统设计阶段的可靠性分配。

设系统由 n 个子系统串联而成，它们分配到的失效率分别为 $\lambda_1, \lambda_2, \cdots, \lambda_n$。系统失效率目标值为 λ_s，分配的结果满足：

$$\sum_{i=1}^{n} \lambda_i \leqslant \lambda_s$$

可靠性分配的目标是确定 λ_i。具体步骤如下：

（1）根据现有的可靠性数据资料，推测（或已知）原各子系统的失效率，假设分别为 $d_i (i = 1, 2, \cdots, n)$。

（2）计算各子系统的失效率 ω_i。

$$\omega_i = \frac{d_i}{\sum_{i=1}^{n} d_i}$$

式中，分配系数 ω_i 为相对失效率。

（3）计算分配于各子系统的容许失效率 λ_i。

（4）检验分配结果是否满足下式：

$$\sum_{i=1}^{n} \lambda_i = \omega_i \lambda_s + \omega_i \lambda_s + \cdots + \omega_n \lambda_s$$
$$= (\omega_1 + \omega_2 + \cdots + \omega_n) \lambda_s$$
$$= \lambda_s$$

（5）计算各子系统的可靠度 $R_i(t)$。

$$R_i(t) = \mathrm{e}^{-\lambda_i t} = \mathrm{e}^{-\omega_i \lambda_s t}$$
$$\geqslant [R_s(t)]^{\omega_i}$$

为满足可靠度分配值之和大于系统可靠度目标值，各子系统的可靠度应当满足以下关系式：

$$\prod_{i=1}^{n} R_i(t) \geqslant R_s(t)$$

【例 5.5】 已知一个串联系统由 4 个子系统组成，预测的各子系统失效率分别为

$$d_1 = 0.25\%, d_2 = 0.16\%, d_3 = 0.28\%, d_4 = 0.18\%$$

要求系统的可靠度达到 0.90，保证连续工作 60 h 以上。试用相对失效率法

进行可靠度分配。

解　由已知条件得到

$$d_1 = 0.25\%, \ d_2 = 0.16\%, \ d_3 = 0.28\%, \ d_4 = 0.18\%$$

计算失效率分配系数：

$$\omega_i = \frac{d_1}{\displaystyle\sum_{i=1}^{n} d_i} = 0.287$$

同理得

$$\omega_2 = 0.184, \ \omega_3 = 0.322, \ \omega_4 = 0.207$$

计算各子系统的失效率：

由题意可知，$R_s(60) = 0.85$，假设系统的失效率为常数 λ_s，则

$$\lambda_s = -\frac{1}{t}\ln[(t)] = -\frac{1}{60}\ln(0.85)$$
$$= 0.002\,71$$

各子系统的（容许）失效率为

$$\lambda_1 = \omega_1 \lambda_s = 0.000\,75$$

$$\lambda_2 = \omega_2 \lambda_s = 0.000\,49$$

$$\lambda_3 = \omega_3 \lambda_s = 0.000\,872$$

$$\lambda_4 = \omega_4 \lambda_s = 0.000\,560$$

计算各子系统所得的可靠度：

$$R_1(t) = \mathrm{e}^{-\lambda_1 t} = 0.955\,8$$

$$R_2(t) = \mathrm{e}^{-\lambda_2 t} = 0.970\,5$$

$$R_3(t) = \mathrm{e}^{-\lambda_3 t} = 0.949\,0$$

$$R_4(t) = \mathrm{e}^{-\lambda_4 t} = 0.967$$

4. 无约束分配法——加权修正分配法（Weighted Modified Distribution Method）

组成系统的各单元（含子系统、总成、部件），在系统中的重要程度是不同的，反映其重要程度的指标就是重要度。这种方法适用于各单元工作期间失效率为常数的串联系统。

根据各单元重要度分配给不同的可靠度，这种可靠性分配的方法，称为加权修正分配法，也称 AGREE 分配法（Advisory Group on Reliability of Electronic Equipment）。

单元的重要度就是该单元失效引起系统失效的次数与该单元失效次数的比值，它的意义是第 i 个单元失效造成系统发生故障而不能运行的概率，记作 W_i。

（1）重要度（Importance Degree）。重要度是指某个单元发生故障时对系统可靠性的影响程度，一般用 W_i 表示：

$$W_i = \frac{N}{r_i}$$

式中　N——由第 i 个单元故障引起的系统故障次数；

　　　r_i——第 i 个单元的故障总次数。

串联系统中每个单元的每次故障都会引起系统发生故障，所以每个单元对系统的重要度都是相同的，即 $W_i = 1$。

对于冗余系统 $0 < W_i < 1$，W_i 大的单元分配到的可靠性指标应该高一些。

（2）复杂度（Order of Complexity）。复杂度是指某个单元的元器件数与系统总元器件数之比，一般用 K_i 表示：

$$K_i = \frac{n_i}{N}$$

式中　n_i——第 i 个单元的重要零、部件总数；

　　　N——系统的重要零、部件总数，且

$$N = \sum_{i=1}^{n} n_i$$

复杂度 K_i 大的单元，由于包括的元器件数量多，较复杂，实现较高的可靠性指标困难，故分配的可靠性指标应低一些。单元失效率与系统失效率的比值与该单元的重要度成反比，与该单元的复杂度成正比。

加权修正分配法适用于指数分布的串联系统，比前几种分配方法较为完善，其中考虑了单元的复杂程度、单元失效与系统失效之间的关系。加权修正分配法按串联系统的组合形式进行分析，且认为各分系统的寿命时间均服从指数分布(失效率与时间无关)。加权修正分配法的计算步骤如下：

（1）按等可靠度分配法初定失效率（即在等分配的基础上考虑重要度）。若规定系统工作到时间 T 时，应具有的可靠度（指标值）为 $R_s(T)$，在不考虑重要度时，单元容可靠应满足：

$$R_i(t_i) = e^{-\lambda_i t_i} \tag{5.9}$$

式中　t_i——系统要求单元的工作时间；

$\quad\quad \lambda_i$——单元容许的失效率。

根据等可靠度分配法，通过公式推导求得

$$R_i(t_i) = [R_s(T)]^{1/n} \tag{5.10}$$

结合式（5.9）、（5.10），得单元容许失效率 λ_i：

$$\lambda_i = \frac{-\ln R_s(T)}{n t_i}$$

（2）对初定失效率进行重要度加权修正处理：

$$\begin{aligned}\lambda_i' &= \frac{\lambda_i}{\omega_i} \\ &= \frac{-\ln R_s(T)}{\omega_i n t_i}\end{aligned} \tag{5.11}$$

考虑复杂性后的加权处理。假设单元是由 N_i 个重要零件组成，系统的重要零件总数为 $N = \sum N_i$。若这些重要零件的可靠性对系统的影响是相同的，则单元所包含的重要零件数占系统总的重要零件数的比率 $\dfrac{N_i}{N}$，就表示单元的复杂度。

再一次对 $\lambda_i' = \dfrac{-\ln R_s(T)}{\omega_i \cdot n \cdot t_i}$ 进行复杂度加权处理，即将式（5.11）中的 $\dfrac{1}{n}$ 用

$\dfrac{N_i}{N}$ 代替，单元复杂度高，对允许失效率适当放宽，于是得到公式：

$$\lambda_i^n = \dfrac{-\ln R_s(T)}{N\omega_i t_i}$$

5. 约束分配法——拉格朗日乘数法（Lagrange Multiplier Approach）

拉格朗日乘数法适用于在优化设计的条件下，解决可靠性设计中最关键也最实际的问题，即在保证产品可靠性总指标的分配，又能实现总的成本最小。

在数学最优问题中，拉格朗日乘数法（以数学家约瑟夫·路易斯·拉格朗日命名）是一种寻找变量受一个或多个条件所限制的多元函数的极值的方法。这种方法将一个有 n 个变量与 k 个约束条件的最优化问题转换为一个有 $n+k$ 个变量的方程组的极值问题，其变量不受任何约束。这种方法引入一种新的标量未知数，即拉格朗日乘数：约束方程的梯度（Gradient）的线性组合里每个向量的系数。此方法的证明要用到偏微分、全微分或链法，从而找到能让设计出的隐函数的微分为零的未知数的值。

拉格朗日乘数法是一种将约束最优化问题转换为无约束最优化问题的求优方法，由于引入待定系数——拉格朗日乘子，则可利用这种乘子将原约束最优化问题的目标函数和约束条件组合成一个称为拉格朗日函数的新目标函数，使新目标函数的无约束最优解就是原目标函数的约束最优解。

5.3 可靠性分配的注意事项

系统可靠性分配应在研制阶段早期开始进行，使设计人员尽早明确其设计要求，研究实现这个要求的可能性。为外购件及外协件的可靠性指标提供初步依据。根据所分配的可靠性要求估算所需人力、成本和资源等管理信息。

1. 可靠性分配方法的选择依据

在进行分配前，首先必须明确设计目标、限制条件、系统下属各级定义的清晰程度及有关类似产品可靠性数据等信息。随着研制阶段的进展，产品定义起来越清晰，可靠性分配也应有所不同。

2. 可靠性分配应反复多次进行

在方案论证和初步设计工作中，分配是较粗略的，经粗略分配后，应与经验数据进行比较、权衡；与不依赖于最初分配的可靠性预测结果相比较，确定分配的合理性，并根据需要重新进行分配；随着设计工作的不断深入，可靠性模型逐步细化，可靠性分配亦须随之反复进行；为了尽量减少可靠性分配的次数，在规定的可靠性指标基础上，可考虑留出一定的余量。这种做法为在设计过程中增加新的功能单元留下余地，因而可以避免为适应附加的设计而必须进行的反复分配。

3. 各研制阶段可靠性分配方法的选择

在进行分配前，首先必须明确设计目标、限制条件、系统下属各级定义的清晰程度及有关类似产品可靠性数据等信息。随着研制阶段的进展，产品定义起来越清晰，则可靠性分配也有所不同。具体来说：

（1）方案论证阶段：等分配法。

（2）初步设计阶段：评分分配法、再分配法。

（3）详细设计阶段：评分分配法、考虑重要度和复杂度分配法、可靠度再分配法。

重点与难点

重点：① 系统可靠性预计的目的；② 系统可靠性的预计方法；③ 系统可靠性的分配程序。

难点：① 用上下限法求系统的可靠度。② 系统可靠性的分配准则。

思考与练习

（1）数学模型法与上下限法求系统的可靠度各有什么优缺点？

（2）系统可靠性的分配程序是什么

（3）系统可靠性的分配准则是什么？

（4）当前可靠性的分配方法有哪些？

（5）系统可靠性的预计方法有哪些？

（6）已知一个串联系统由四个子系统组成，预测的各子系统失效率分别为：

$$d_1 = 0.15\%\mathrm{h}^{-1}, d_2 = 0.26\%\mathrm{h}^{-1}, d_3 = 0.48\%\mathrm{h}^{-1}, d_4 = 0.28\%\mathrm{h}^{-1}$$

要求系统的可靠度达到 0.96，保证连续工作 90 h 以上。试用相对失效率法进行可靠度分配。

（7）可靠性分配的注意事项有哪些？

第 6 章　系统安全性

安全（Safety, Security）是指没有受到威胁，没有危险、危害、损失。人类的整体与生存环境资源的和谐相处，互相不伤害，不存在危险、危害的隐患，是免除了不可接受的损害风险的状态。安全是在人类生产过程中，将系统的运行状态对人类的生命、财产、环境可能产生的损害控制在人类能接受水平以下的状态。

自有人类活动开始，人类就面临安全的问题。安全问题来自生活和生产活动两个方面。随着社会生产力的发展，人类生活、生产活动中的安全问题越加突出。为了保证人类生活、生产活动中的安全，形成了安全工程学科。安全工程学科具有明显的对象性，与具体的生活、生产活动内容密切相关，且随生活、生产活动的发展而发展。

6.1　系统安全工程

系统工程（System Engineer）是以大型复杂系统为研究对象，按一定目的进行设计、开发、管理与控制，以期达到总体效果最优的理论与方法。系统工程的特点有研究方法的整体、应用学科的综合性、组织管理的科学化。而安全工程是以人类生产、生活活动中发生的各种事故为主要研究对象，在总结、分析已经发生的事故经验的基础上，综合运用自然科学、技术科学和管理科学等方面的有关知识，采取有效的控制措施，防止事故发生的安全技术理论及专业技术手段的综合学科。

系统安全工程（System Safety Engineer）的基本内容是根据对伤亡事

故发生机理的认识，应用系统工程的原理和方法，预测、分析、评价其中存在的各种不安全因素，综合运用各种安全技术措施和组织管理措施，消除和控制危险因素，创造一种安全的生产作业条件。

交通系统工程（Traffic System Engineer）是安全系统工程在交通运输系统中的具体应用。交通安全工程是指运用系统论、控制论、信息论等现代科学技术理论，从安全的角度，对交通运输系统寿命周期的各个阶段进行科学研究，以查明事故发生的起因、经过，找出灾害的本质和规律，寻求消灭、减少交通运输事故或减轻事故损失，保障交通安全、畅通的措施和办法。

6.2 系统安全性概述

系统就是由相互作用、相互依赖的若干组成部分结合而成的具有特定功能的有机整体。系统概念含有 5 个基本要素：功能、组元（组成）、结构、运行与环境。系统安全性是系统的主要特性之一。

6.2.1 安全性的基本概念

系统安全性涉及的概念较多，主要有安全、危险、风险、事故、事故隐患、危险源等。

1. 安全（Safety）

安全与否是一种认识，因人而异。目前存在两种安全观：绝对安全观和相对安全观。

（1）绝对安全观（Absolute Safety View）：安全指没有危险，不受威胁，不出事故，即消除能导致人员伤害，发生疾病、死亡或造成设备财产破坏、损失，以及危害环境的条件。安全特指：不存在危险和风险；免于能引起人员伤亡或财产损失的条件；安全意味着系统不会引起事故的能力；安全即无事故，没有遭受或引起创伤、损失或损伤。

（2）相对安全观（Relative Safety View）：安全是相对的，绝对安全是不存在的。安全就是被判断为不超过允许极限的危险性，也就是没有受到损害的危险或损害概率低的通用术语。

　　安全的内涵如下：首先，安全是相对的，绝对安全是不存在的；其次，安全不是瞬间的结果，而是对某种过程状态的描述；再次，衡量一个系统是否安全，不应仅仅依靠事故指标；最后，在不同的时代及生产领域，可接受的损失水平是不同的，因而衡量系统是否安全的标准也是不同的。

2. 危险（Danger）

　　危险是指在生产活动过程中，人或物遭受损失的可能性超出了可接受范围的一种状态。危险与安全一样，是与生产过程共存的过程，是一种连续型的过程状态。危险包含了尚未为人所认识的（航空），以及虽为人们所认识但尚未为人所控制的各种隐患、自然灾害等，如地震。

3. 风险（Risk）

　　风险是描述系统危险程度的客观量：一是把风险看成是一个系统内有害事件或非正常事件出现可能性的量度；二是把风险定义为发生一次事故的后果大小与该事故出现概率的乘积。

　　一般意义上的风险具有概率和后果的二重性：

$$R = f(P, C)$$

式中　R——风险（Risk）；

　　　　P——概率（Probability）；

　　　　C——后果（consequence）。

　　为简单起见，风险表达为概率与后果的乘积：

$$R = P \times C$$

　　从整个系统的角度出发，风险是系统危险影响因素的函数，即风险可表达为

$$R = f(R_1, R_2, R_3, R_4, R_5)$$

式中　R_1——人的因素；

　　　　R_2——设备因素；

　　　　R_3——环境因素；

R_4——管理因素；

R_5——其他因素。

4. 安全性（Security）

安全性为衡量系统安全程度的客观量。与安全性对立的概念是描述系统危险程度的指标——风险（危险性）。

假定系统的安全性为 S，危险性为 R，则

$$S = 1 - R$$

可靠性是系统或元件在规定条件下、规定时间内、完成规定功能的能力。而安全性是系统的安全程度。可靠性越高的系统，其安全性也通常较高，但"可靠性≠安全性"。

5. 事故（Accident）

事故一般指造成死亡、疾病、伤害、损坏或者其他损失的意外情况。事故包含如下含义：

（1）事故是违背人们意愿的一种现象。

（2）事故的随机性。从表象上看，事故的发生是不确定事件，但其发生形式受必然性的支配，也不可避免地受到偶然性的影响。

（3）事故的因果性。目前尚未认识到的原因（航空）；已经认识，但目前尚不可控制的原因（地震）；已经认识，目前可以控制而未能有效控制的原因（雾霾）。

（4）事故的潜伏性。事故一旦发生，可以造成以下后果：人受到伤害，物受到损失；人受到伤害，物未受损失；人未受伤害，物受到损失；人、物均未受到伤害或损失。

事故是指在生产活动过程中，由于人们受到科学知识和技术力量的限制，或者认识上的局限，当前还不能防止，或能防止而未有效控制所发生的违背人们意愿的事件序列。它的发生，可能迫使系统暂时或较长期地中断运行，也可能造成人员伤亡、财产损失或者环境破坏，或者其中二者或三者同时出现。事故的主要特点有事故的因果性，事故的偶然性、必然性和规律性，事故的潜在性、再现性和预测性。

事故后果的分类：事故 ≠ 事故后果。根据事故发生后造成后果的情况，在事故预防工作中把事故划分为 3 类，如表 6.1 所示。

表 6.1　事故分类

类　别	特　点	
第一类	轻伤事故	人员肢体伤残，后果不太严重
	重伤事故	人员负伤严重
	死亡事故	死亡人数 1～2 人
	重大伤亡事故	死亡人数 3～9 人
	特大伤亡事故	死亡人数 ≥10 人
第二类	损坏事故	有财务破坏
第三类	未遂事故/险肇事故	无人员伤害、无财务破坏

6. 事故隐患（Accident Potential）

隐患是指在生产活动过程中，由于人们受到科学知识和技术力量的限制，或者认识上的局限，而未能有效控制的有可能引起事故的一种行为（一些行为）或一种状态（一些状态），或二者的结合。

隐患是事故发生的必要条件，隐患一旦被识别，就要予以消除。对于受客观条件所限，不能立即消除的隐患，要采取措施降低其危险性或延缓危险性增长的速度，减少其被触发的"几率"。

7. 危险源（Dangerous Source）

危险源是可能导致人员伤害或财物损失事故的、潜在的不安全因素。

根据危险源在事故发生、发展中的作用，把危险源划分为两大类：

第一类危险源是指系统中存在的、可能发生意外释放的能量或危险物质，实际工作中往往把产生能量的能量源或拥有能量的能量载体作为第一类危险源来处理。

第二类危险源是指导致约束、限制能量措施失效或破坏的各种不安全因素，包括人、物、环境三个方面的问题。

6.2.2　安全、事故、隐患及危险源之间的关系

安全问题涉及系统的各个方面，包括人员、设备、环境等因素，而这些因素又涉及经济、政治、科技、教育和管理等许多方面。安全的各要素是相互关联的。安全、事故、隐患及危险源之间的关系如图 6.1 所示。

（1）安全与危险的关系。安全与危险是一对矛盾：一方面双方互相反对，互相排斥，互相否定；另一方面两者互相依存，共同处于一个统一体中，存在着向对方转化的趋势。安全与危险这对矛盾的运动、变化和发展，推动着安全科学的发展和人类安全意识的提高。

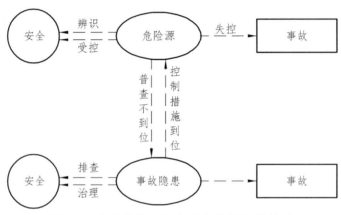

图 6.1　安全事故、隐患及危险源间的关系

（2）安全与事故的关系。事故与安全是对立的，但事故并不是不安全的全部内容，而只是在安全与不安全这一对矛盾斗争过程中某些瞬间突变结果的外在表现。系统处于安全状态并不一定不发生事故，系统处于不安全状态也未必完全是由事故引起的。

（3）危险与事故的关系。危险不仅包含了作为潜在事故条件的各种隐患，同时还包含了安全与不安全的矛盾激化后表现出来的事故结果。事故发生，系统不一定处于危险状态，事故不发生，也不能否认系统不处于危

险状态,因此事故不能作为判别系统危险与安全状态的唯一标准。

(4)事故与隐患的关系。事故总是发生在操作的现场,总是伴随隐患的发展而发生在生产过程之中。事故是隐患发展的结果,而隐患则是事故发生的必要条件。

(5)危险源与事故的关系。一起事故的发生是两类危险源共同起作用的结果。第一类危险源的存在是事故发生的前提,没有第一类危险源,就谈不上能量或危险物质的意外释放,也就无所谓事故。其关系如图 6.2 所示。

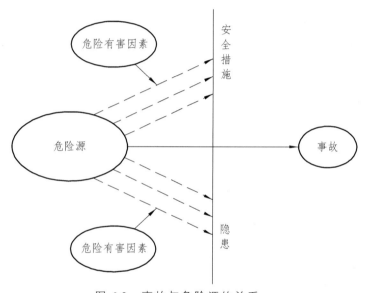

图 6.2 事故与危险源的关系

如果没有第二类危险源对第一类危险源的控制,也不会发生能量或危险物质的意外释放。第二类危险源的出现是第一类危险源导致事故的必要条件。在事故的发生、发展过程中,两类危险源相互依存、相辅相成。

第一类危险源在事故时释放出的能量是导致人员伤害或财物损坏的能量主体,决定事故后果的严重程度;第二类危险源出现的难易决定事故发生的可能性的大小。两类危险源共同决定危险源的危险性。

人对安全的认识在时间上往往是滞后的,很难预先完全认识到系统存在和面临的各种危险。而且，即使认识到了，有时也会由于受到当时技术条件的限制而无法控制。随着技术进步和社会发展，旧的安全问题解决了，新的安全问题又会产生。高技术总是伴随着高风险，随着现代科学技术的发展，各种技术系统的复杂化程度增加了，危险性也随之增加了。

6.3　交通系统的安全性

交通安全工程主要分析和研究交通事故的发生机制，总结出普遍使用的交通事故理论，提出事故预防的方法设计。从研究对象和内容考虑，交通安全工程学科（图 6.3）应包含：交通安全理论、交通安全技术、交通安全（分析和评价）方法、交通安全管理。交通安全工程学科研究内容分为道路交通安全工程、铁路运输安全工程、水上交通安全工程、航空运输安全工程。

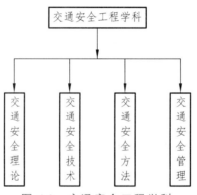

图 6.3　交通安全工程学科

6.3.1　铁路交通系统的安全性

铁路运输安全工程包含行车调度指挥安全、接发车作业安全、调车作业安全、铁路装卸作业安全、旅客运输安全、车辆作业安全等。主要研究对象为：运输安全有关人员、设备、环境、管理。铁路运输系统是一个庞大的人—机—环境动态系统。

1. 铁路交通事故（Railway Traffic Accident）

铁路机车车辆在运行过程中发生冲突、脱轨、火灾、爆炸等影响铁路正常行车的事故，包括影响铁路正常行车的相关作业过程中发生的事故；或者铁路机车车辆在运行过程中与行人、机动车、非机动车、牲畜及其他障碍物相撞的事故，均为铁路交通事故。

2. 铁路交通事故的分类

铁路交通事故分类的原则和依据：事故性质的严重程度（客运列车事故比其他列车事故性质严重、列车事故比调车事故严重、冲突、脱轨、火灾、爆炸等）；事故损失大小（人员伤亡、设备损坏程度、经济损失）、事故对行车造成的影响大小（繁忙干线、中断时间等）。

按事故性质、损失和对行车所造成的影响分类，铁道交通事故分为特别重大事故、重大事故、较大事故、一般事故等四个等级；

依据事故内容分类，铁道交通事故分为：列车事故、调车事故、因铁路技术设备破损或货物装载不良造成的事故等三个等级。

3. 铁路交通事故构成条件

铁路交通事故共有四个等级，每个等级差别较大。不同的铁路交通事故，有不同的构成条件。

（1）铁路交通事故的第一等级：特别重大事故构成条件（符合下列之一）：

① 造成 30 人以上死亡；

② 造成 100 人以上重伤（包括急性工业中毒，下同）；

③ 造成 1 亿元以上直接经济损失；

④ 繁忙干线客运列车脱轨 18 辆以上并中断铁路行车 48 小时以上；

⑤ 繁忙干线货运列车脱轨 60 辆以上并中断铁路行车 48 小时以上。

（2）铁路交通事故的第二等级：重大事故构成条件（符合下列之一）：

① 造成 10 人以上 30 人以下死亡；

② 造成 50 人以上 100 人以下重伤；

③ 造成 5 千万元以上 1 亿元以下直接经济损失；

④ 客运列车脱轨 18 辆以上；

⑤ 货运列车脱轨 60 辆以上；

⑥ 客运列车脱轨 200 辆以上 18 辆以下，并中断繁忙干线铁路行车 24 小时以上或中断其他线路行车 48 小时以上；

⑦ 货运列车脱轨 6 辆以上 60 辆以下，并中断繁忙干线铁路行车 24 小时以上或中断其他线路行车 48 小时以上。

（3）铁路交通事故的第三等级：较大事故构成条件（符合下列之一）：

① 造成 3 人以上 10 人以下死亡；

② 造成 10 人以上 50 人以下重伤；

③ 造成 1 千万元以上 5 千万元以下直接经济损失；

④ 客运列车脱轨 2 辆以上 18 辆以下；

⑤ 货运列车脱轨 6 辆以上 60 辆以下；

⑥ 中断繁忙干线铁路行车 6 小时以上；

⑦ 中断其他线路行车 10 小时以上。

（4）铁路交通事故的第四等级：一般事故构成条件（符合下列之一）：

一般事故分为一般事故 A 类事故、一般事故 B 类事故、一般事故 C 类事故、一般事故 D 类事故。

① 一般事故 A 类事故：造成 2 人死亡；造成 5 人以上 10 人以下重伤；造成 500 万元以上 1 000 万元以下直接经济损失。

② 一般事故 B 类事故：造成 1 人死亡；造成 5 人以下重伤；造成 100 万元以上 500 万元以下直接经济损失。

③ 一般事故 C 类事故：有人受伤。

④ 一般事故 D 类事故：没有人受伤。

4. 铁路交通事故的考核指标

不同国家对铁路交通事故的考核指标也不一样，目前比较认可的指标有：

（1）事故件数：一定时期（月、季、半年、年度）内，全路、铁路局、站段所发生事故（特别重大、重大、较大、一般事故）的总件数。

（2）安全天数：连续安全无事故天数，通常以 100 天为统计单位。

（3）百万机车走行公里铁路交通事故件数（即事故率）：全路、铁路局、站段在一定时期内，每百万机车走行公里所发生的铁路交通事故件数。

（4）职工死亡事故率：一定时期内，某单位每一百万在册职工总数所发生的职工死亡总人数。

6.3.2 道路交通系统的安全性

道路交通安全工程：道路状况、车辆的结构性能、驾驶适性及其影响因素、交通环境、交通控制以及道路交通事故发生原因。导致道路交通安全的原因有道路条件、车辆安全性能、驾驶员安全素质、参与交通者的安全意识以及交通安全管理的水平等。

1. 道路交通事故（Road Traffic Accident）

根据《中华人民共和国道路交通安全法》，道路交通事故是指车辆在道路上因过错或者意外造成的人身伤亡或者财产损失的事件。美国交通事故是在道路上所发生的意料不到的有害的或危险的事件。这些有害的或危险的事件妨碍着交通行为的完成，其常常是由于不安全的行动或不安全的因素，或者是二者的结合所造成的。日本由于车辆在交通中所引起的人的死伤或物的损坏，在道路交通中称为交通事故。

2. 道路交通事故的五个必备要素

构成道路交通事故的因素较多，但必须具备以下 5 个条件，才能称道路交通事故：

（1）车辆条件，必须是车辆造成的，没有车辆参与的道路事故不算交通事故；

（2）道路条件，必须在规定的道路上发生；

（3）人员条件认识交通事故的主体；

（4）损害后果条件，事故的发生必然会造成人身伤亡或财产损失的后果；

（5）过错或者意外条件，当事人如果在事故发生时的心理状态处于故意，则不属于交通事故。

3. 道路交通事故的分类

主要根据损害后果的程度、交通事故的责任、发生交通事故的原因、交通事故第一当事者或主要责任者的内在原因、交通事故的对象等方面进行分类。

（1）根据损害后果的程度分类。

根据损害后果的程度，道路交通事故可以分为：轻微事故、一般事故、重大事故、特大事故（见表 6.2）。

表 6.2　道路交通事故的分类

类别	特征描述
轻微事故	造成 1～2 人轻伤，或者财产损失机动车事故不足 1000 元，非机动车事故不足 200 元
轻微事故	造成 1～2 人重伤，或者 3 人以上轻伤，或者财产损失不足 3 万元
重大事故	造成 1～2 人死亡，3～10 人重伤，或者财产损失 3 万～6 万元
特大事故	造成 3 人以上死亡，或者 11 人以上重伤，或者死亡 1 人，同时重伤 8 以上，或者死亡 2 人，同时重伤 5 人以上，或者财产损失 6 万元以上

（2）根据交通事故的责任分类。

根据交通事故的责任分类，道路交通事故可以分为机动车事故、非机动车事故、行人事故（见表 6.3）。

表 6.3　道路交通事故的分类

类别	特征描述
机动车事故	事故当事方中机动车负主要以上责任
非机动车事故	畜力车、三轮车、自行车等非机动车负主要以上责任
行人事故	行人一方负主要责任

（3）根据发生交通事故的原因分类。

根据发生交通事故的原因，可以把交通事故分为两大类：主观原因，即主观故意或过失；客观原因，即由于道路条件（包括气候、 水文、 环境等）不利因素导致的交通事故。主观原因主要包括以下几点：

① 违反规定：当事人不按交通法规和其他交通安全规定行驶或行走。

（如酒后开车、无证驾车、超速行驶、争道抢行、故意不让、违章超车、违章装载、非机动车走快车道、行人不走人行道）；

②疏忽大意：当事人没有正确地观察和判断外界事物而造成的损失。（如心里烦恼、情绪急躁、身体疲惫，都可能造成精力分散、反应迟钝，表现出不周，措施不及时或措施不当）。

③操作不当：当事人技术生疏，经验不足，对车辆、道路情况不熟悉，遇到突然情况惊慌失措，发生操作错误。（也有的当事人凭主观想象判断事物，或过高地估计自己的驾驶技术，过分自信，引起行为不当而造成事故）。

（4）按交通事故第一当事人或主要责任者的内在原因分类。

观察错误、判断错误、操作错误。

（5）按交通事故的对象来分类。

交通事故的对象较多，不同对象有不同的结果，概况来说，主要有：

①车辆间事故：车辆与车辆碰撞的事故。这类事故在发达国家发生的比例约占70%，在我国占20%左右；

②车辆对行人的交通事故：主要是机动车冲上人行道所发生的压死、压伤行人，以及行人过街时，还有个别行人不遵守交通规则等的交通事故。这类事故在我国约占25%左右，在发达国家占10%～20%不等；

③汽车对自行车的事故：这类事故在我国约占30%以上；

④汽车单独事故：汽车在下坡时由于行驶速度太快、汽车左右转弯或掉头时所发生的事故，以及桥上因大雾或机械失灵等造成汽车坠入江河的事故等；

⑤汽车与固定物碰撞事故；

⑥铁路公路平交道口事故。

（6）其他分类。

另外，还有按事故现象、按事故发生地点、按车辆所属单位、按人员伤害程度等进行分类的。

4. 道路交通事故的统计指标

世界上大多数国家的交通事故统计分两种情况：通过警察部门或交通运输部门统计、通过卫生部门统计。二者统计标准不一样，一般卫生部门统计的交通事故死亡人数大于警察或运输部门统计的交通事故死亡人数，高 30%左右。目前比较认可的指标有：绝对指标和相对指标。

（1）绝对指标包括事故件数、死亡人数、受伤人数、经济损失；

（2）相对指标包括人口事故率、车辆事故率、运行事故率。

① 人口事故率。研究区域内，每十万人口因交通事故而死亡的人数：

$$D_p = \frac{D}{P} \times 10^5$$

式中　D——交通事故死亡人数；

　　　P——人口总数。

② 车辆事故率。区域内每一万辆机动车交通事故死（伤）率：

$$D_N = \frac{D}{N} \times 10^5$$

式中　N——机动车拥有量。

③ 运行事故率。区域内交通事故次、伤、亡数和所有运行车辆与其运行距离的乘积之比。每亿运行车辆公里的交通事故死亡率：

$$D_T = \frac{D}{T} \times 10^5$$

式中　T——在研究区域一年内的总运行车辆公里数。

6.3.3　航空交通系统的安全性

航空运输安全工程：人、飞机、航线、机场、航空交通管制、驾驶员操作可靠性、空中交通预警防碰撞管理系统、飞行人员培训理论与方法、空中导航系统等。航空运输系统由人、飞机、航线、机场、航空交通管制等组成。

1. 民航飞行安全（Aviation Flight Safety）

民航飞行安全指航空器在运行中处于一种无危险的状态。不同国家对民航飞行安全的界定不一样，典型的定义有以下四种：

（1）从航空器从跑道起飞滑跑开始，到在跑到降落滑跑结束为止，不出现航空器上的人员伤亡和航空器损坏。

（2）航空器为了执行飞行任务从停机坪上滑行开始，到在停机坪上停止为止，不出现航空器上的人员伤亡和航空器损坏。

（3）航空器为了执行飞行任务从航空器开始启动开始，到结束飞行关闭发动机为止，不出现航空器上的人员伤亡和航空器损坏。

（4）航空器为了执行飞行任务从旅客和机组登上航空器开始，到旅客和机组走下飞机时为止，不出现航空器上的人员伤亡和航空器损坏。

2. 飞行事故等级标准

飞行事故等级标准主要有国际民航组织飞行事故标准、中华人民共和国国务院飞行事故标准和中国民航总局飞行事故标准。

（1）国际民航组织飞行事故标准。

① 失事（Accident）：造成人员伤亡、飞机受到破坏或失踪（包括处于完全不能接近的地方）等后果的事件。

② 事故：没达到失事的严重程度，但直接威胁飞机安全操作和使用的事件。

（2）中华人民共和国国务院飞行事故标准。

中华人民共和国国务院第34号令《特别重大事故调查程序暂行规定》，符合以下其一，即为特别重大事故：民航客机发生的机毁人亡（死亡 40人及以上）；专机和外国民航客机在中国境内的机毁人亡。

（3）中国民航总局飞行事故标准。

1994 年《民用航空器飞行事故等级》将飞行事故分为：

① 特别重大飞行事故：人员死亡 40 人及以上；航空器失踪，机上人员在 40 人及以上。

② 重大飞行事故：人员死亡 39 人及以下；航空器严重损坏或迫降；航空器失踪，机上人员 39 人及以下。

③ 一般飞行事故：人员重伤，重伤人数在 10 人及以上；5.7 t 及以下航空器严重损坏；5.7 ~ 50 t 一般损坏，修复费用占 10%；50 t 以上一般损坏，修复费用占 5%。

3. 飞行安全水平的标准

飞行安全是衡量一个国家的民航事业和一个航空公司的经营管理状态的主要指标。飞行安全水平指标主要有亿客公里死亡率、亿飞行公里事故率、十万飞行小时事故率、十万起降架次事故率等。

① 亿客公里死亡率：一个客运飞行单位，平均每运送 1 亿旅客飞行 1 千米，发生事故而造成的旅客死亡人数。

② 亿飞行公里事故率：一个飞行单位，平均每飞行 1 亿千米发生事故的次数。

③ 十万飞行小时事故率：一个飞行单位，平均每飞行 10 万小时发生飞行事故的次数。

④ 十万起降架次事故率：一个飞行单位，平均每起飞降落十万架次发生事故的次数。

6.3.4　水上交通系统的安全性

水上交通安全工程：船舶性能与结构、船员行为、港口保障设施、水上交通管理等是影响水上交通安全的主要因素。水上交通事故可分为火灾、碰撞、搁浅和遇风暴三大类。

1. 水上交通事故（Water Traffic Accident）

不同国家对水上交通事故的界定不一样，典型的定义有以下三种：

（1）船舶、设施和排筏在海上或内河水域中航行、停泊或作业时发生的事故称为"交通事故"。

（2）发生在沿海水域中的事故为海上交通事故，发生在内河通航水域中的事故为内河交通事故。

（3）海上交通事故和内河交通事故合称为水上交通事故或船舶交通事故，通常称为海事。

2. 海事（Maritime Affairs）

海事是海上事故、海损事故、海难事故的简称。

（1）中国海事局的定义：根据《中华人民共和国海上交通事故调查处

理条例》所称海上交通事故是指船舶、设施发生的下列事故，包括：碰撞、触碰或浪损；触礁或搁浅；火灾或爆炸；沉没；在航行中发生影响适航性能的机件或重要属具的损坏或灭失；其他引起财产损失和人身伤亡的海上交通事故。

（2）国际公约、规则与国外海事法规的定义：国际海事公约（IMO）采用 marine casualty，marine incident 或 maritime casualty 等词。1997 年《海事调查规则》中定义海事：人员死亡或严重受伤；船上人员失踪；船舶全损、推定全损或弃船；船舶重大损坏；船舶搁浅、丧失航行能力或涉及一件碰撞事故；船舶遭受重大损失；船舶对环境的危害。

3. 海事分级

（1）国内的海事分级。

《船舶交通统计规律》根据事故船舶的等级、死亡人数和造成的直接经济损失，将船舶交通事故分为小事故、一般事故、大事故、重大事故等4 个等级。

① 重大事故隐患：虽未直接造成伤亡或经济损失，但潜伏着极大险情，严重威胁船舶（旅客、船员、货物）安全及性质严重的重大隐患。

② 严重违章：严重违反安全航行和防火规定，船舶超载、超速、违章迫、违章抢航、违章抢槽、违章明火作业、违章装载、运输危险货物、违反交通管制规定等。

③ 操作人员过失：在航行、锚泊或靠离泊时，由于操作人员失误，疏忽瞭望，擅离职守，助航设备、通信设备和信号使用不当等。

④ 机电设备故障：船舶主机、辅机、舵机、机件、电器或通信设备、应急设备失灵等故障。

（2）国外的海事分级。

国际海事组织的《海事调查规则》中将海事分为两个级别：特别重大事故、重大事故。实际上该规则是将事故分为三个级别，即未达到特别重大事故和重大事故标准的事故为第三类事故。

国际海事组织海安会和环境保护委员会的通函中规定，要求各成员国行政机关按标准格式向 IMO 上报海事的调查报告，其中将海事分为四个级别：特别重大事故、重大事故、大事故和海上意外事故。

重点与难点

重点：① 安全性的基本概念；② 事故的分类；③ 铁路交通事故的分类。

难点：安全、事故、隐患及危险源之间的关系。

思考与练习

（1）事故的主要特点是什么？

（2）安全、事故、隐患及危险源之间的关系是什么？

（3）铁路交通事故根据不同的分类标准，具体划分是什么？

（4）构成道路交通事故的条件必须具备的 5 个要素是什么？

（5）道路交通事故的统计指标有哪些？

（6）飞行安全水平的标准是什么？

（7）民航飞行安全是如何定义的？

第 7 章　系统安全性的计算方法

安全分析是从安全角度对系统中可能导致系统故障或事故的各种因素及其相关关系进行分析。一般，系统分析的目的在于对正常运行系统进行分析辨识，以提高系统功能和经济效益，这种分析是常规分析。而系统安全分析的目的在于对可能破坏系统运行的潜在危险因素进行分析。因此必须进行深入细致的剖析，运用工程逻辑及其他有关方法，对有关因素及危险的因果关系做出合乎逻辑的思维推理和判断。

7.1　系统安全性的分析方法

系统安全系统分析根据设定的安全问题和给予的条件，运用逻辑学和数学方法来描述安全系统，并结合自然科学、社会科学的有关理论和概念，制定各种可行的安全措施方案，通过分析、比较和综合，从中选择最优方案，供决策人员采用。

由于系统安全是工程系统、管理系统和社会系统有机结合的特殊系统，是大量偶然因素作用的多变量的随机系统，因此，对系统存在的危险性及其大小、潜伏地点、传递关系以及可能波及的范围等的分析存在着一定的不确定性。分析结果的量化以概率型为主，常用的分析方法有：

（1）统计图表分析：对统计的数据利用图表来说明系统的安全态势。统计图表分析主要包括因果分析图（Causal Analysis Charts）、安全检查表（Safety Checklist）、预先危险性分析（Preliminary Hazard Analysis）、事件树分析（Event Tree Analysis ）、事故树分析（Accident Tree Analysis）等。

（2）模式及影响分析：从系统的模式和影响层面来综合研究，主要方法有致命度分析（Criticality Analysis）、危险性和可操作性研究（Hazard and Operability Analysis）、原因—后果分析（Cause-Consequence Analysis）、共因失效分析（Common Cause Failure Analysis）。

（3）按数理方法：主要对有关系统利用相关数学理论进行综合分析，主要方法有定性分析（Qualitative Analysis）、定量分析（Quantitative Analysis）。

（4）按逻辑方法：从逻辑学原理来研究系统，主要方法有归纳分析（Inductive Analysis）和演绎分析（Deductive Analysis）。归纳分析法是从原因推论结果的方法，如安全检查表、预先危险性分析、故障模式及影响分析、危险性和可操作性研究等。演绎分析法是从结果推论原因的方法，如因果分析图法、事件树分析、事故树分析等。

7.1.1　统计图表分析法

统计分析法（Statistical Analysis Method）是把企业最近一段时间内生产该产品所耗工时的原始记录，通过一定的统计分析整理，计算出先进的消耗水平，以此为依据制订劳动定额的研究方法。而统计图表分析法是应学会用图表、数据描述问题，这是基本的专业修养问题。统计图表分析方法有很多，如比重图、趋势图、直方图、圆图法、排列图法等。典型的统计图表分析法有以下五种。

1. 比重图法（Figure Method of Specific Gravity）

比重图法是在同一个图的同类项目之间，通过计算同类项目在整体中的权重或份额以及同类项目之间的比例，来揭示它们之间的结构关系。比重图法反映事物的各种构成因素所占的比例，来揭示它们之间的结构关系。例如 2014 年全国道路交通事故原因统计，如图 7.1 所示。

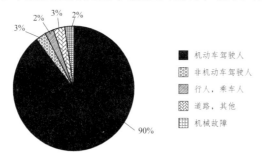

图 7.1　2014 年全国道路交通事故原因统计

2. 趋势分析法（the Trend Analysis Figure Method）

趋势分析法是通过对有关指标的各期对基期的变化趋势的分析，从中发现问题，为追索和检查账目提供线索的一种分析方法。趋势分析法可用相对数也可用绝对数。趋势分析法按一定的时间间隔统计数据，利用曲线的连续变化来反映事物动态变化的图形。例如 2010—2017 年全国道路交通事故统计，如图 7.2 所示。

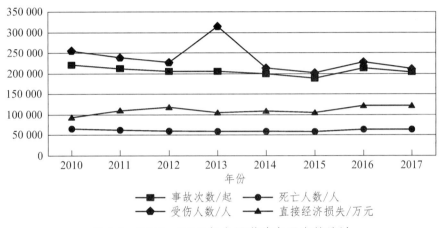

图 7.2　2010—2017 年全国道路交通事故统计

3. 直方图法（Histogram Figure Method）

直方图法又称质量分布图法，是一种统计报告图，由一系列高度不等的纵向条纹或线段表示数据分布的情况。一般，横轴表示数据类型，纵轴表示分布情况。直方图是数值数据分布的精确图形表示。这是一个连续变量（定量变量）的概率分布的估计，并且被卡尔·皮尔逊（Karl Pearson）首先引入。为了构建直方图，第一步是将值的范围分段，即将整个值的范围分成一系列间隔，然后计算每个间隔中有多少值。这些值通常被指定为连续的、不重叠的变量间隔。间隔必须相邻，并且通常是（但不是必需的）相等的大小。直方图法是由建立在直角坐标系上的一系列高度不等的柱状图形组成。例如 2010—2017 年全国道路交通事故发生次数统计，如图 7.3 所示。

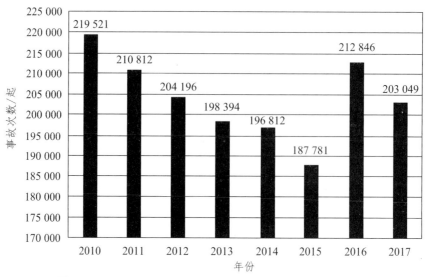

图 7.3 2010—2017 年全国道路交通事故发生次数统计

4. 排列图法（Pareto Diagram Method，帕累托图法）

排列图法，又称主次因素分析法、帕累托图法，是找出影响产品质量主要因素的一种简单而有效的图表方法。排列图全称为主次因素排列图，或巴雷特图，由 2 个纵坐标、1 个横坐标、几个直方图和 1 条曲线组成。它可用于确定系统安全的关键因素，以便明确以下主攻方向和工作重点：

（1）左边纵坐标表示频数、右边纵坐标表示累计频率（0~100%）。

（2）横坐标表示事故原因或事故分类，一般按照影响因素的主次从左到右。

（3）直方图的高低表示某个因素影响的大小，曲线表示各因素影响大小的累积百分数。

（4）按主次因素的排列，可分为 A 类因素、B 类因素和 C 类因素：

A 类因素：累积频率在 0~80% 的因素，称为排列图法的 A 类因素；

B 类因素：累积频率在 80%~90% 的因素，称为排列图法的 B 类因素；

C 类因素：累积频率在 90%~100% 的因素，称为排列图法的 C 类因素。

排列图分析法示意图，如图 7.4 所示。

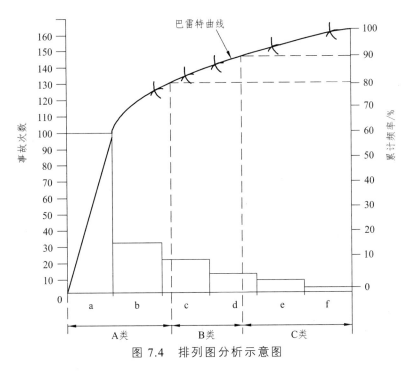

图 7.4　排列图分析示意图

【例 7.1】　用排列图法对表 7.1 中的交通事故问题进行系统分析。

表 7.1　红旗镇辖区 1—10 月份死亡交通事故原因统计（2018 年）

车类	频数	累计频数	相对频数 /%	累计相对频率 /%
肇事逃逸	1	1	6.25	6.25
违规变更车道	2	3	12.5	18.75
无证驾驶	3	6	18.75	37.5
与前车安全距离	2	8	12.5	50
机动车载货违规定	2	10	12.5	62.5
行人违规	2	12	12.5	75
机动车违反交通信号灯	1	13	6.25	97.1
未按规定让行	2	15	12.5	81.25
醉酒驾驶	1	16	6.25	100

解　根据表 7.1，利用排列图法示意图原理，得到红旗镇辖区 1—10 月份死亡交通事故原因排列图（见图 7.5）。

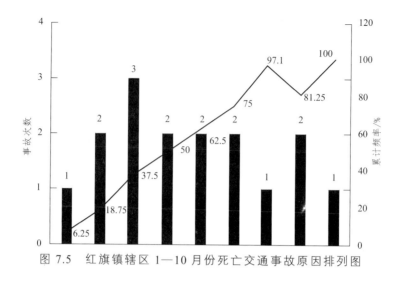

图 7.5　红旗镇辖区 1—10 月份死亡交通事故原因排列图

5. 圆图法（Graphic Method）

圆图法把要分析的项目，按比例画在一个圆内，可以比较直观地看出各个因素所占的比例。例如道路交通事故发生原因如图 7.6（a）所示，圆图法表示如图 7.6（b）所示。

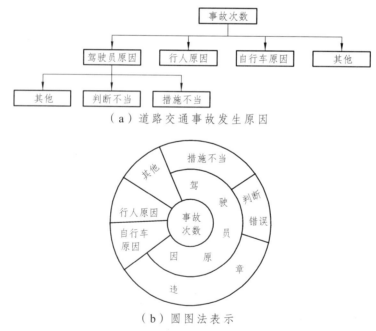

（a）道路交通事故发生原因

（b）圆图法表示

图 7.6　道路交通事故发生原因及圆图法表示

7.1.2　因果分析图法

因果分析图法（Causal Analytical Figure Method）又称鱼刺图、树校图，是一种逐步深入研究寻找影响产品质量原因的方法。由于在实际工程管理过程中，产生质量问题的原因是多方面的，而每一种原因的作用又有所不同，往往需要在考虑综合因素时，按照从大到小、从粗到组的方法，逐步找到产生问题的根源。因果分析图在分析发生交通事故的原因时，将各种可能的事故原因进行归纳，用简明的文字和线条表现出来。如图 7.7 所示为翻车事故因果分析示意图。其中，鱼刺图为图 7.7（a），翻车事故因果分析为图 7.7（b）。

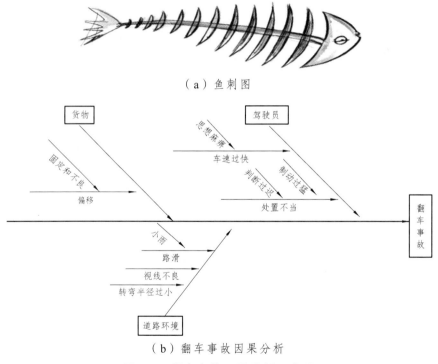

（a）鱼刺图

（b）翻车事故因果分析

图 7.7　翻车事故因果分析示意图

7.1.3　安全检查表法

安全检查表法（Safety Checklist Analysis，SCA）是依据相关的标准、

规范，对工程、系统中已知的危险类别、设计缺陷以及与一般工艺设备、操作、管理有关的潜在危险性和有害性进行判别检查的方法。它适用于工程、系统的各个阶段，分析系统安全工程的一种最基础、最简便、广泛应用的系统危险性评价方法。安全检查表法也是交通系统安全分析中的一种常用分析方法，是进行系统安全检查、预防事故、改善劳动条件的一种重要手段。安全检查表法可用于发现和查明系统的各种危险和隐患，监督各项安全法规、制度、标准的实施，制止违章行为，预防事故，消除危险，保障安全。安全检查表的基本格式，如表 7.2 所示。

表 7.2 安全检查表

检查时间	检查单位	检查人	检查部位		整改负责人
序号	检查项目		检查结果		整改措施
			是	否	

（1）安全检查表的项目。应列出所有可能导致事故发生的因素或状态。所列检查项目系统、全面、完善。

（2）安全检查表采用的方式。采用正面提问的方式，以"是" 或"否"来回答。

（3）检查依据。收集有关问题的规章制度、规范标准中所规定的要求，简要列出它们的名称和所在章节，附于每项提问后面，以便查对。

（4）安全检查表的分类。安全检查表的分类主要有设计审查用安全检查表，运输设备、机械装置、设施定期安全检查表，车间、工段及岗位用安全检查表，消防用安全检查表，专业性安全检查表。

（5）安全检查表的编制方法。安全检查表的编制法方法主要有经验法和分析法。经验法指找熟悉被检查对象的人员和具有实践经验的人员，根据以往积累的实践经验以及有关统计数据，按规程、规章制度等的要求编制。分析法指根据各种安全分析的结果进行编制。

（6）安全检查表的编制步骤。安全检查表的编制主要有七步：

① 确定被检查对象，组织有关人员；

② 熟悉被分析的系统；

③ 调查不安全因素；

④ 明确规定的安全要求；

⑤ 搜集与系统有关的规范、标准、制度等；

⑥ 根据具体情况和要求确定编制方法，编制安全检查表；

⑦ 通过反复使用，不断修改、补充完善。

7.1.4　预先危险性分析

预先危险性分析（Preliminary Hazard Analysis，PHA）也称初始危险分析，是系统安全评价的一种方法。预先危险性是在每项生产活动之前，特别是在设计的开始阶段，对系统存在危险类别、出现条件、事故后果等进行概略的分析，尽可能评价出潜在的危险性。预先危险性也是一种定性分析系统危险因素和危险程度的方法，主要用于交通线路、港、站、枢纽等新系统设计、已有系统改造之前的方案设计、选址、选线阶段。

预先危险性分析的程序如图 7.8 所示。

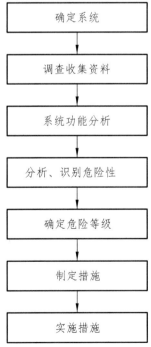

图 7.8　预先危险性程序分析

预先危险性分析法主要应用于交通线路、港、站、枢纽等新系统设计，特别是已有系统改造之前的方案设计、选址、选线阶段。

（1）预先危险性分析法的目的。对系统存在的危险类型、来源、出现条件、事故后果以及有关措施等，做一概略分析，并尽可能在系统付诸实施之前找出预防、纠正、补救措施，消除或控制危险因素。

（2）预先危险性分析的内容。交通系统中各子系统、各要素的界面及其相互关系分析；对交通安全有影响的环境因素分析；操作过程及有关参数分析；识别危险分析；分析导致事故的可能性条件。

（3）预先危险性分析的优点。

① 分析工作做在行动之前，可及早采取措施排除、降低或控制危害，避免由于考虑不周造成损失。

② 对系统开发、初步设计、制造、安装、检修等做的分析结果，可以提供应遵循的注意事项和指导方针。

③ 分析结果可为制定标准、规范和技术文献提供必要的资料。

根据分析结果可编制安全检查表以保证实施安全，并可作为安全教育的材料。

7.1.5　故障模式影响分析法

故障模式影响分析法（Failure Model and Effects Analysis，FMEA）是一组系统性的活动，辨认和评价一个产品或过程的潜在故障及其影响，识别可以消除或减少潜在故障发生的活动，并把这个过程形成文件。故障模式影响分析是对系统各组成部分、元件进行分析的重要方法，是由可靠性工程发展起来的。早期的故障模式影响分析法只能做定性分析，后来分析中引入故障发生难易程度或发生概率的评价，并把它与致命度分析结合起来，构成故障模式和影响、致命度分析，从而能够定量地描述故障的影响。

1. 故障模式

故障模式指系统、子系统或元件在运行过程中，由于性能低劣而不能完成规定的功能。一个系统或元件往往有多种故障模式。系统或元件的故障模式一般有：运行过程中的故障、提前动作、在规定时间不动作、在规定时间不停止、运行能力下降、超量或受阻。故障发生过程如图 7.9 所示。

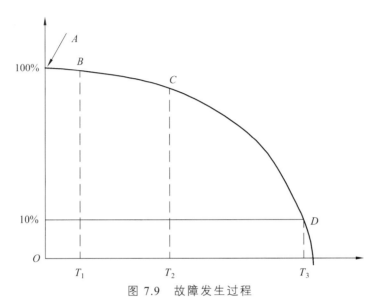

图 7.9　故障发生过程

注：A 点：无故障；

　　B 点：初始裂纹，不可见；

　　C 点：潜在故障，裂纹可见；

　　D 点：功能故障，断裂。

2. 分析程序

确定对象系统的边界条件包括：了解作为分析对象的系统、装置或设备确定分析系统的物理边界；收集元素的最新资料，包括其功能与其他元素之间的功能关系等；对系统元件的故障模式和产生原因进行分析。元素至少 4 中可能的故障模式：意外运行、运行不准时、停止不及时、运行期间故障。

3. 故障原因

故障原因分为内部原因和外部原因。在分析时，把元素分为若干组成部分，然后研究这些部分的故障模式和这些部分与外界环境之间的功能关系，找出可能的外部原因。

4. 故障模式对系统和元件的影响

故障模式的影响可以从三方面分析：首先，元素故障类型对相邻元素的影响，该元素可能是其他元素故障的原因；其次，元素故障类型对整个系统的影响，该元素可能是导致重大故障或事故的原因；最后，元素故障类型对子系统及周围环境的影响。

5. 汇总结果和提出改正措施

根据故障类型和影响分析表，系统、全面和有序地进行分析，将分析结果汇总于表中。

6. 故障模式和影响、致命度分析法

致命度分析的目的是评价每种故障类型的危险程度，采用概率—严重度来评价（见表7.3）。其中，概率是故障模式发生的概率，严重度是故障后果的严重程度。

表 7.3　故障分析

项 目	构成元件	故障或失误种类	故障的影响		危险的重要程度	故障发生概率	检测方法	修改措施及备注
			对其他元件	对整个系统				

致命度指标计算：

$$C = \sum_{i=1}^{n} \alpha \times \beta \times k_1 \times k_2 \times \lambda \times t \times 10^6$$

式中　C——致命度指数；

　　　n——导致重大故障或事故的故障类型数目；

　　　λ——元素的基本故障率；

　　　t——元素的运行时间；

k_1——实际运行状态的修正系数；

k_2——实际运行环境条件的修正系数；

α——导致系统重大故障或事故的故障类型数目占全部故障类型数目的比例；

β—导致系统重大故障或事故的故障类型出现时，系统发生重大故障或事故的概率，如表 7.4 所示。

表 7.4　故障发生概率

故障影响	发生概率
实际丧失规定功能	$\beta = 1.0$
很可能丧失规定功能	$0.1 < \beta < 1.0$
可能丧失规定功能	$0 < \beta < 0.1$
没有影响	$\beta = 0$

7.1.6　事件树分析法

事件树分析法（Event Tree Analysis，ETA）是安全系统工程中常用的一种归纳推理分析方法，它起源于决策树分析（Decision Tree Analysis，DTA），是一种按事故发展的时间顺序由初始事件开始推论可能的后果，从而进行危险源辨识的方法。这种方法将系统可能发生的某种事故与导致事故发生的各种原因之间的逻辑关系用一种称为事件树的树形图表示，通过对事件树的定性与定量分析，找出事故发生的主要原因，为确定安全对策提供可靠依据，以达到猜测与预防事故发生的目的。

事物的发展存在量的积累和质的飞跃两种状态；任意时刻都存在继续量的积累或进行质的飞跃两种选择。所以，事件树分析法是从一个初始事件开始，按顺序分析事件向前发展中各个环节成功与失败的过程和结果。它也是一种时序逻辑的事故分析方法。

1. 事件树的构成

以初始事件为起点，按照事故的发展顺序，分成阶段；每一阶段可能的后续事件有完全对立的两种状态（正常或故障，安全或危险），逐步向结果方面发展，如图 7.10 所示。

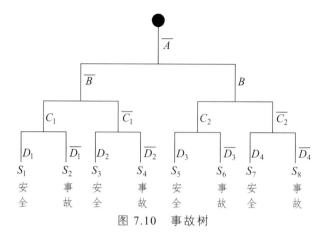

图 7.10　事故树

2．事件树分析的步骤

事件树分析的步骤主要是：确定初始事件；找出相关环节事件；画事件数；说明分析结果。

3．事件树的定性分析

在绘制事件树的过程中，对每一发展过程和事件发展的途径做可能性的分析。找出事故连锁，并找出预防事故的途径。

4．事件树的定量分析

根据每一事件的发生概率，计算各种途径的事故发生概率，比较各个途径概率值的大小，做出事故发生可能性序列，确定最易发生事故的途径。各事件之间相互统计独立时，其定量分析比较简单。当事件之间相互统计不独立时，定量分析变得非常复杂。

7.1.7　事故树分析法

事故树分析法（Accident Tree Analysis，ATA）又称故障树分析法，是安全系统工程的重要分析方法之一，是一种演绎的安全系统分析方法。事故树分析法是从要分析的特定事故或故障（顶上事件）开始，层层分析其发生原因，直到找出事故的基本原因（底事件）为止。这些底事件又称基本事件，它们的数据已知或者已经有统计或实验的结果。

1. 事故树分析的特点

事故树分析是一种演绎推理法，各种原因之间的逻辑关系用一种称为事故树的树形图表示（顶事件、中间事件、底事件、逻辑符号），可作定性与定量分析。事故树分析是一种图形演绎方法，便于找出系统的薄弱环节，具有很大的灵活性，是一个对系统更深入认识的过程，可以定量计算复杂系统发生事故的概率。事故树组成的例子如图 7.11 所示。

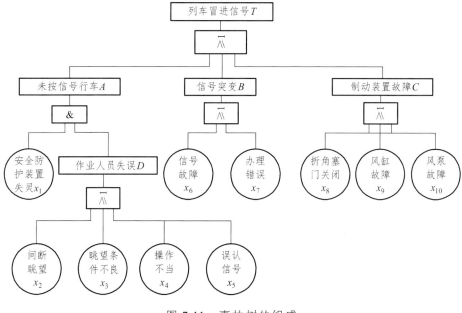

图 7.11　事故树的组成

2. 事故树分析的步骤

事故树分析主要有四步：

（1）准备阶段。确定所要分析的系统、熟悉系统、调查系统发生的事故。

（2）事故树的编制。确定事故树的顶事件、调查与顶事件有关的所有原因事件、编制事故树。

（3）事故树定性分析。

（4）事故树定量计算。

3. 事故树的符号及其意义

（1）事件及事件符号。事件主要包括结果事件、底事件和特殊事件。

结果事件：用矩形符号表示，分为顶事件和中间事件。

底事件：导致其他事件的原因事件，底事件又分为基本原因事件（圆形符号）和省略事件（菱形符号）；

特殊事件：表明其特殊性或引起注意的事件，特殊事件又分为开关事件（房形符号）和条件事件（椭圆形符号）。特殊事件符号如图 7.12 所示。

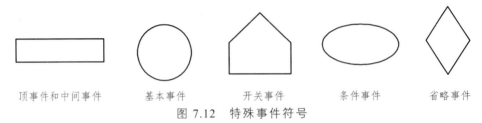

| 顶事件和中间事件 | 基本事件 | 开关事件 | 条件事件 | 省略事件 |

图 7.12　特殊事件符号

（2）逻辑门及其符号。逻辑门是连接各事件并表示其逻辑关系的符号，主要有与门、或门、特殊门、条件与门、条件或门等。逻辑门符号如图 7.13 所示。

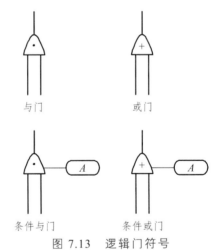

图 7.13　逻辑门符号

（3）转移符号。转出符号是表示向其他部分转出的符号，△内记入向何处转出的标记；转入符号是表示从其他部分转入△，△内记入从何处转入的标记。转移符号如图 7.14 所示。

图 7.14　转移符号

4. 事故树的编制

事故树的编制是事故树分析中最基本、最关键的环节。事故树的编制目的：通过编制过程发现系统中的薄弱环节。事故树的编制人员应由系统设计人员、操作人员和可靠性分析人员组成。

（1）事故树的编制过程应遵循的规则。事故树的编制过程是一个严密的逻辑推理过程，应遵循以下规则：确定顶事件应优先考虑风险大的事故事件；合理确定边界条件；确切描述顶事件；保持门的完整性，不允许门与门直接相连；及时进行合理的简化；对编制的事故树反复进行合理性检验。

（2）编制事故树的方法。编制事故树的常用方法为演绎法：确定系统的顶事件，找出直接导致事件发生的各种可能因素或因素的组合即中间事件；在顶事件与其紧连的中间事件之间，根据其逻辑关系相应地画上逻辑门；对每个中间事件进行类似的分析，找出其直接原因，逐级向下演绎，直到不能分析的基本事件为止。

5. 事故树的定性分析

事故树的定性分析主要有：事故树的割集与最小割集、事故树的径集与最小径集、根据最小割集和最小径集预测事故树的薄弱环节。定性分析步骤有：

（1）割集与最小割集。

割集：在事故树分析中，引起顶事件发生的基本事件的集合称为割集，也称截集或截止集。

最小割集：一个事故树中的割集一般不止一个，在这些割集中，凡不包含其他割集的，叫作最小割集。最小割集是引起顶事件发生的充要条件。

（2）最小割集的求法。

最小割集的求法有多种，布尔代数法最为简单，应用较为普遍。布尔代数也叫逻辑代数，逻辑代数的运算法则很多，有的和代数运算法则一致，有的不一致。它主要有交换律、结合律、分配律、等幂律、吸收律等。根据求得的最小割集，可画出事故树的等效树。

（3）利用布尔代数求最小割集，并画出等效树。

$$T = x_1 x_2 x_3 + x_1 x_3 x_4 + x_1 x_3 x_5 + x_2 x_3 x_4$$

$$\{x_1 x_2 x_3\}, \{x_1 x_3 x_4\}, \{x_1 x_3 x_5\}, \{x_2 x_3 x_4\}$$

等效树如图 7.15 所示。

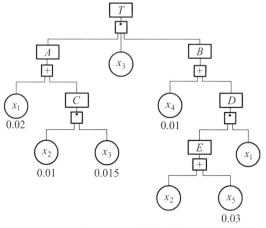

图 7.15　等效树图

（4）求解径集与最小径集。

径集：在事故树中，使顶事件不发生的基本事件的集合称为径集，也称通集或路集。

最小径集：如果径集中任意去掉一个基本事件后就不再是径集，那么该径集就是最小径集。最小径集是保证顶事件不发生的充要条件。

（5）最小径集的求法。

将原来事故树中的逻辑与门改成逻辑或门，将逻辑或门改为逻辑与门。

根据对偶原理，事故树的对偶树是成功树，成功树是顶事件不发生的树；将事故树变换成其对偶的成功树，然后求出成功树的最小割集，即是事故树的最小径集。

（6）最小割集/最小径集在事故树分析中的作用。

最小割集的作用主要有四个方面：表示系统的危险性，最小割集越多，说明系统的危险性越大；表示顶事件发生的原因组合；为降低系统的危险性提出控制方向和预防措施；利用最小割集可以判定事故树中基本事件的结构重要度和计算顶事件发生的概率。

最小径集的作用主要有三个方面：表示系统的安全性，最小径集越多，说明系统安全性越高；选取确保系统安全的最佳方案；利用最小径集可以判定事故树中基本事件的结构重要度和计算顶事件发生的概率。

6. 事故树的定量分析

事故树的定量分析主要是：确定基本事件的发生概率；求出事故树顶事件的发生概率；与系统安全目标值进行比较和评价。

事故树定量计算时的基本假设：基本事件之间相互独立；基本事件和顶事件都只考虑发生和不发生两种状态；假定故障分布为指数函数分布。定量分析具体步骤有：

（1）基本事件的发生概率。

它包括系统的单元故障概率及人的失误概率等。在工程计算时，常用基本事件发生的频率来代替其概率值。确定方法有经验法、专家咨询法。

（2）顶上事件发生概率的计算。

已知基本事件的发生概率，各基本事件是独立事件，相对简单的计算方法是最小割集法，事故树如图 7.11 所示。

精确计算是基本事件的相互独立特性，近似计算是将基本事件之间的相互独立关系看作相互排斥关系。

因为

$$T = x_1 x_2 x_3 + x_1 x_3 x_4 + x_1 x_3 x_5 + x_2 x_3 x_4$$

所以

$$
\begin{aligned}
P(T) &= P(x_1 x_2 x_3 + x_1 x_3 x_4 + x_1 x_3 x_5 + x_2 x_3 x_4) \\
&= q(x_1)q(x_2)q(x_3) + q(x_1)q(x_3)q(x_4) + \\
&\quad q(x_1)q(x_3)q(x_5) + q(x_2)q(x_3)q(x_4)
\end{aligned}
$$

7. 基本事件的重要度分析

重要度的含义：事故树中各基本事件的发生对顶事件的发生影响程度的大小。

影响重要度大小的两个因素：各基本事件发生概率的大小；各基本事件在事故树模型结构中处于何种位置。

基本事件的重要度分析主要有：基本事件的结构重要度；基本事件的概率重要度；基本事件的临界重要度。

（1）基本事件的结构重要度。假定基本事件发生概率相等，从事故树的结构上研究各基本事件对顶事件的影响程度。确定方法有两种：① 精确计算出结构重要度系数；② 按结构重要度进行排序。

（2）基本事件的概率重要度。结构重要度分析的不足：没有考虑基本事件发生概率的变化对顶上事件发生概率的影响。基本事件的概率重要度系数：指某基本事件发生概率的变化引起顶事件发生概率变化的程度。

（3）基本事件的临界重要度。一般来说，减少概率小的事件的概率比减少概率大的基本事件的概率困难，但概率重要度系数不能反映这一实际情况。因而它不能从本质上准确地反映出各基本事件在事故树中的重要程度。而临界重度系数，是指某个基本事件发生概率的变换率引起顶事件发生概率的变化率，它是从敏感度和概率双重角度衡量各基本事件的重要程度。因此，它比概率重要度更合理更具有实际意义。临界重要度系数为

$$I_g^c(i) = \lim_{\Delta q_i \to 0} \frac{\Delta P(T) / P(T)}{\Delta q_i / q_i}$$

$$= \frac{q_i}{P(T)} \lim_{\Delta q_i \to 0} \frac{\Delta P(T)}{\Delta q_i}$$

$$= \frac{q_i}{P(T)} I_g(i) \quad (i = 1, 2, \cdots, n)$$

式中　$P(T)$——顶事件发生概率；

q_i——第 i 个基本事件 x_i 的发生概率；

$I_g^c(i)$——第 i 个基本事件 x_i 的临界重要度系数；

$$I_g(i) = \frac{\partial P(T)}{\partial q_i}$$ ——第 i 个基本事件 x_i 的概率重要度系数。

若所有基本事件的发生概率都等于 0.5，则基本事件的概率重要度系数等于其结构重要度系数。

【例 7.2】　如图 7.16 所示，事故树的最小割集为 $\{x_1, x_3\}, \{x_3, x_4\},$ $\{x_1, x_5\}, \{x_2, x_4, x_5\}$ ，各基本事件的发生概率分别为 $q_1 = q_2 = 0.02$, $q_3 = q_4 = 0.03, q_5 = 0.25$ 。求各基本事件的概率重要度系数。

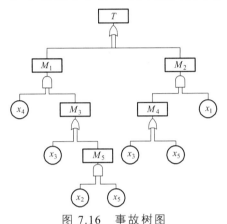

图 7.16　事故树图

解　设 $q_{G1} = q_1 q_3, q_{G2} = q_3 q_4, q_{G3} = q_1 q_5, q_{G4} = q_2 q_4 q_5$ ，

$$g = q_{G1} + q_{G2} + q_{G3} + q_{G4} - (q_{G1}q_{G2} + q_{G1}q_{G3} + q_{G1}q_{G4} + q_{G2}q_{G3} + q_{G2}q_{G4} + q_{G3}q_{G4}) +$$
$$(q_{G1}q_{G2}q_{G3} + q_{G1}q_{G2}q_{G4} + q_{G1}q_{G3}q_{G4} + q_{G2}q_{G3}q_{G4}) - q_{G1}q_{G2}q_{G3}q_{G4}$$
$$= q_1 q_3 + q_3 q_4 + q_1 q_5 + q_2 q_4 q_5 - q_1 q_3 q_4 - q_1 q_3 q_5 - q_1 q_2 q_4 q_5 - q_2 q_3 q_4 q_5 + q_1 q_2 q_3 q_4 q_5$$

分别求偏导，得

$$I_g(1) = \frac{\partial g}{\partial q_1} = q_3 + q_5 - q_3 q_4 - q_3 q_5 - q_2 q_4 q_5 + q_2 q_3 q_4 q_5 = 0.055\ 3$$

$$I_g(2) = \frac{\partial g}{\partial q_2} = q_4 q_5 - q_1 q_4 q_5 - q_3 q_4 q_5 + q_1 q_3 q_4 q_5 = 0.000\ 7$$

$$I_g(3) = \frac{\partial g}{\partial q_3} = q_1 + q_4 - q_1 q_4 - q_1 q_5 - q_2 q_4 q_5 + q_1 q_2 q_4 q_5 = 0.048\ 9$$

$$I_g(4) = \frac{\partial g}{\partial q_4} = q_3 + q_2 q_5 - q_1 q_3 - q_1 q_2 q_5 - q_2 q_3 q_5 + q_1 q_2 q_3 q_5 = 0.028\ 9$$

$$I_g(5) = \frac{\partial g}{\partial q_5} = q_1 + q_2 q_4 - q_1 q_3 - q_1 q_2 q_4 - q_2 q_3 q_4 + q_1 q_2 q_3 q_4 = 0.019\ 9$$

（4）三种重要度系数的对比。

结构重要度系数：从事故树结构上反映基本事件的重要程度，反映某一基本事件在事故树结构中所占的地位。

概率重要度系数：反映基本事件概率的增减对顶事件发生概率影响的敏感度，起着一种过度作用，是计算两种重要度系数的基础。

临界重要度系数：从敏感度和自身发生概率大小双重角度反映基本事件的重要程度，从结构及概率上反映改善某一基本事件的难易程度。

7.2　系统安全性的数学模型

以实现系统安全为目的，应用安全系统工程原理和工程技术方法进行综合评价，具体有：运用定性和定量分析方法分析系统可能存在的不安全因素；通过与评价标准的比较得出系统发生危险的可能性或程度；提出改进措施，以寻求最低的事故率，实现系统安全的目的。

1. 安全评价的标准

经定量化的风险或危险性是否达到要求的安全程度，需要与一个界限、目标或标准进行比较，这个比较值就是安全标准。安全标准的确定，是确定一个社会各方面可允许的、可接受的危险程度。

影响安全标准确定的因素：一个国家、行业或部门的政治、经济、技术和科学发展的水平。安全标准主要的确定方法有：统计法、风险与收益比较法。

2. 安全评价的内容和程序

安全评价（Safety Evaluation），亦称危险评价、风险评价，是探明系统危险、寻求安全对策的一种方法和技术，是安全系统工程的一个重要组成部分。安全评价旨在在建立必要的安全措施前，掌握系统内可能的危险种类、危险程度和危险后果，并对其进行定量、定性的分析，从而提出有效的危险控制措施。

（1）安全评价的内容，主要是危险性辨识和危险性评价，见表7.5。

表 7.5　交通安全评价的内容

安全评价			
危险性辨识		危险性评价	
危险的查处	危险的定量化	危险排除	允许界限
检查	确认	措施	评价标准
新的危险 危险的变化	新的危险 危险的变化	使危险变 小消化危险	社会对危险 的允许界限

① 危险性辨识（Hazard Identification）：通过一定的手段测定、分析和判明危险，包括固有的和现在的、可能出现的和一定条件下转化生成的，并对危险进行量化处理。

② 危险性评价（Hazard Assessment）：根据危险性辨识结果，将实际指标值与标准值相比较，判明达到安全水平。采取措施消除或减少危险，使安全水平达到社会允许或规定的范围内。风险率的分级见表7.6。

表 7.6　风险率的分级

死亡 （人·年）	等级	处理意见
10^{-2}	极其危险	相当于疾病的风险，认为绝对不能接受，需停产整改
10^{-3}	高度危险	必须立即采取措施予以改进
10^{-4}	中等危险	人们不愿出现种情况，因而同意拿出经费进行改善
10^{-5}	危险性低	相当于游泳淹死的风险，人们对此是关心的，也愿意采取措施加以改进
10^{-6}	可忽略	相当于天灾的风险，人们总有事故轮不到我的感觉
10^{-7}	同上	相当于陨石坠落的风险，没有人认为这种事故需投资加以改进

（2）安全评价的程序主要包括以下几个步骤：资料收集和研究；危险因素辨识与分析；确定评价方法，实施安全评价；提出降低或控制危险的

安全对策措施。

3. 安全评价方法的选用

安全评价方法选择的重要性：辨识、评价的对象不同，事故类型、事故模式不同，所采用的评价方法是不同的；评价方法的选用关系到评价结论的合理、正确和可靠问题。

安全评价方法的选择步骤有：分析被评价系统；收集安全评价法；分析安全评价法；明确被评价系统能够提供基础数据和资料；分析被评价系统。

典型安全评价方法提供的评价结果见表 7.7。

表 7.7　典型安全评价方法适用情况

评价方法	方案设计	详细设计	工程施工	日常运营	改建扩建	事故调查	拆除退役
安全检查表	√	√	√	√	√		√
危险指数法	√			√	√		
预先危险性分析	√	√	√	√	√	√	
危险性和可操作性研究		√	√	√	√		
故障模式及影响分析			√	√	√	√	
事故树分析	√	√		√	√	√	
事件树分析			√	√	√	√	
概率评价法	√	√	√	√		√	
作业条件危险性评价法				√			
安全综合评价法			√	√	√		

7.2.1　安全检查表评价法

安全检查表法（Safety Checklist Analysis，SCA）是依据相关的标准、规范，对工程、系统中已知的危险类别、设计缺陷以及与一般工艺设备、操作、管理有关的潜在危险性和有害性进行判别检查。适用于工程、系统的各个阶段，是系统安全工程的一种最基础、最简便、广泛应用的系统危险性评价方法。以安全检查表为基础进行的评价。因对检查项目处理方法的区别，可划分为逐项赋值法、加权平均法、单项定性加权计分法。

安全检查表评价程序如下：① 确定评价单元；② 制定安全检查表；③ 评价小组评定（包括：文件、资料分析、现场检查）；④ 定性分析；⑤ 评价结论；⑥ 如果合格就通过，不合格进行企业整改，重新返回到步骤③。

（1）逐项赋值法（Assignment Method）。在解数学题时，人们运用逻辑推理方法，一步一步地寻求必要条件，最后求得结论，是一种常用的方法。对于有些问题，若能根据其具体情况，合理地、巧妙地对某些元素赋值，特别是赋予确定的特殊值，往往能使问题获得简捷有效的解决。但是这仅仅只能得到该赋予的值的情况，所以做题时可以继续根据已得到的情况推断并证明。这就是赋值法。

$$m = \sum_{i=1}^{n} m_i$$

式中　m——企业安全评价结果值，

$\quad\quad n$——评价项目个数。

逐项赋值法应用范围广，针对安全检查表的每一项检查内容，按其重要程度不同，由专家赋予分值。根据实际评价得分，按标准规定评价系统总体安全等级的高低。

（2）单项定性加权计分法。单项定性加权计分法是数据记录中有一些相同的数据，在计算的时候，先乘后加。平均数还是要除以总个数。

$$S = \sum_{i=1}^{n} \text{w}_i k_i$$

式中　S——实际评价值；

$\quad\quad n$——评价等级数；

$\quad\quad w_i$——评价等级的权重；

$\quad\quad k_i$——取得某一评价等级的项数和。

（3）加权平均法（Weighted Average Method）。加权平均法是利用过去若干个按照时间顺序排列起来的同一变量的观测值并以时间顺序数为权数，计算出观测值的加权算术平均数，以这一数字作为预测未来期间该变量预测值的一种趋势预测法。

$$m = \sum_{i=1}^{n} k_i m_i$$

式中　m——企业安全评价的结果值；

　　　m_i——按某一评价表评价的实际测量值；

　　　k_i——按某一评价表实际测量值的相应权重系数；

　　　n——评价表个数。

加权平均法中权重系数可由统计均值法、二项系数法、两两比较法、环比评分法、层次分析法确定。

7.2.2　作业条件危险性评价法

作业条件危险性评价法（Job Risk Analysis）是对具有潜在危险性作业环境中的危险源进行半定量的安全评价方法。作业条件危险性评价法也叫 LEC 评价法（美国安全专家 K.J.格雷厄姆和 K.F.金尼提出）用于评价操作人员在具有潜在危险性环境中作业时的危险性、危害性。该方法用与系统风险有关的三种因素指标值的乘积来评价操作人员伤亡风险大小，这三种因素分别是：L（Likelihood，事故发生的可能性）、E（Exposure，人员暴露于危险环境中的频繁程度）和 C（Consequence，一旦发生事故可能造成的后果）。给三种因素的不同等级分别确定不同的分值，再以三个分值的乘积 D（Danger，危险性）来评价作业条件危险性的大小。

作业条件危险性评价法是一种简便易行的衡量人们在某种具有潜在危险的环境中作业的危险性的半定量评价方法。将计算的作业条件危险性数值与规定的作业条件危险性等级相比较，确定作业条件的危险程度。作业条件的危险性的计算：

$$D = L \times E \times C$$

式中　L（Likelihood）——事故发生的可能性；

　　　E（Exposure）——人员暴露于危险环境中的频繁程度；

　　　C（Consequence）——旦发生事故可能造成的后果。

（1）作业条件的危险性大小，取决于三个因素：L——发生事故的可能性大小；E——人体暴露在这种危险环境中的频繁程度；C——旦发生事故可能会造成的损失后果。

三种因素的不同等级取值标准和危险性大小的范围划分如表7.8（L，发生事故的可能性大小）、表 7.9（E，人体暴露在这种危险环境中的频繁程度）、表7.10（C，一旦发生事故可能会造成的损失后果）所示。

表 7.8 发生事故的可能性（L）

分数值	事故发生的可能性
10	完全可以预料
6	相当可能
3	可能，但不经常
1	可能性小，完全意外
0.5	很不可能，可以设想
0.2	极不可能
0.1	实际上不可能

表 7.9 暴露于危险环境的频繁程度（E）

分数值	暴露危险环境的频繁程度
10	连续暴露
6	每天工作时间内暴露
3	每周一次，或偶然暴露
2	每月一次暴露
1	每年几次暴露
0.5	非常罕见地暴露

表 7.10　发生事故可能造成的损失后果（C）

分数值	发生事故可能造成的损失后果
100	大灾难，许多人死亡
40	灾难，数人死亡
15	非常严重，一人死亡
7	严重，躯干致残
6	重大，手足伤残
3	较大，受伤较重
1	较小，轻伤

（2）危险等级（Danger，D）。计算三个指标的乘积，得出危险性分值 $D=L\times E\times C$；最后依 D 值大小确定风险等级，见表 7.11。

表 7.11　危险程度划分（D）

D 值	危险程度
>320	极其危险，停产整改
160~320	高度危险，立即整改
70~160	显著危险，及时整改
20~70	一般危险，需要观察
<20	稍有危险，注意防止

作业条件危险性评价法评价人们在某种具有潜在危险的作业环境中进行作业的危险程度，该法简单易行，危险程度的级别划分比较清楚、醒目。但是，由于它主要是根据经验来确定 3 个因素的分数值及划定危险程度等级，因此具有一定的局限性。而且它是一种作业的局部评价，故不能普遍适用。此外，在具体应用时，还可根据自己的经验、具体情况对该评价方法作适当修正。

7.2.3　概率安全评价法

概率安全评价（Probabilistic Safety Assessment，PSA），也常称为概率风险评价（Probabilistic Risk Assessment，PRA），是以概率论为基础的风险量化评价技术。概率安全评价以概率论为基础的风险量化评价技术。它把整个系统的失效概率通过结构的逻辑性推理与其各个层次的子系统、部件及外界条件等的失效概率联系起来，从而找出各种事故发生频率并进行安全评价。概率安全评价也称概率风险评价，它是一种定量安全评价方法。概率安全评价的标准是风险，即单位时间系统可能承受损失的大小。

风险的计算：风险综合了事故发生的概率和造成后果的严重度两个方面因素。

（1）事故发生概率。事故发生概率是单位时间内事故发生的可能性；

（2）损失严重度。损失严重度是指发生一次事故损失的大小。

$$R = S \times P$$

式中　R（Risk）——风险，事故损失/单位时间；

　　　S（Severity）——损失严重度，事故损失/事故次数；

　　　P（Probabilistic）——事故发生概率（频率），事故损失/事故次数。

风险可用单位时间的死亡人数、单位时间的损失工作日数、单位时间的经济损失价值等指标表示。

7.3　系统安全性的评价方法

系统安全性（System Safety）的综合评价（Comprehensive Evaluation）是对指标体系的安全综合评价方法。多个描述被评价对象不同方面且量纲不同的定性和定量指标，转化为无量纲的评价值，并综合这些评价值以得出对该评价对象的一个整体评价。安全综合评价法具有多指标、多层次特性，能较好地处理大型复杂系统的安全评价问题。构成综合评价问题的要素有：被评价对象、综合评价模型、评价指标、评价者、权重系数等要素。综合评价的的步骤如下：

（1）明确评价目的；

（2）确定被评价对象；

（3）建立评价指标体系；

（4）确定指标评价值及指标权重系数；

（5）选择或构造综合评价模型；

（6）计算各系统（评价对象）的综合评价值并进行排序、分类或比较；

（7）根据评价结果，进行系统分析和决策。

1. 评价指标体系的建立

评价指标体系（Evaluation Index System）是指由表征评价对象各方面特性及其相互联系的多个指标，所构成的具有内在结构的有机整体。

指标体系的结构：隐患指标（从系统整体出发，对人员、设备、环境、管理的安全综合评价）和事故指标（事故指标与隐患指标相结合）。

评价指标的筛选：主要有专家调研法、最小均方差法和极小极大离差法。

（1）专家调研法（Expert Investigation Method；Expert Investigation Approach；The Method Of Expert Investigation；Delphi Method）：专家调研法又称德尔菲法，指围绕某一主题或问题，征询有关专家或权威人士的意见和看法的调查方法。这种调查的对象只限于专家这一层次。调查是多轮次的，一般为 3~5 次。每次都请调查对象回答内容基本一致的问卷，并要求他们简要陈述自己看法的理由根据。每轮次调查的结果经过整理后，都在下一轮调查时向所有被调查者公布，以便他们了解其他专家的意见，以及自己的看法与大多数专家意见的异同。这种调查法最早用于技术开发预测，现在已被广泛应用于对政治、经济、文化和社会发展等许多领域问题的研究。

（2）最小均方差法（Minimum Variance）：方差是在概率论和统计方差衡量随机变量或一组数据时离散程度的度量。方差反映了样本数据围绕样本平均值变化的情况，方差值越小，表明数据越靠近平均值，离散程度越小。相反，方差值越大，数据离平均值越远，离散程度越大。在方差中最小的那个数，称为最小方差。而最小均方差法即选择一组时域采样值，采用最小均方误差算法（自适应算法的一种），以使均方误差最小，从而达到最优化设计。这一方法注重的是在整个频率区间内，总误差全局最小，但不能保证局部频率点的性能，有些频点可能会有较大的误差。筛选原则：

$$s_j = \sqrt{\frac{1}{n}\sum_{n}^{m}\left(x_{ij} - \overline{x}_j\right)^2}$$

若存在

$$1 \leqslant k_0 \leqslant m$$

使得

$$s_{k_0} = \min_{1 \leqslant k_0 \leqslant n}\{s_j\}$$

其中

$$s_{k_0} \approx 0$$

则可删除与 s_{k_0} 相应的评价指标 x_{k_0}。

（3）极小极大离差法。求出各评价指标 x_j 的最大离差 r_j：

$$r_j = \max_{1 \leqslant i,k \leqslant n}\left\{\left|x_{ij} - x_{kj}\right|\right\}$$

再求出最小值，即

$$r_0 = \min_{1 \leqslant i,k \leqslant n}\{r_j\}$$

当 r_0 接近于 0 时，可删除与 r_0 相应的评价指标。

2. 基础指标评价值的确定

基础指标评价值的确定分为定性指标评价值的确定、定量指标评价值的确定。

（1）定性指标评价值的确定。采用模糊数学的方法对模糊信息进行量化，主要有等级比重法（试验统计法）。步骤如下：

步骤一，专家试验，在表格中对每个指标打勾，统计出个中标的评判结果。

步骤二，将各个定性指标评判结果综合成评判矩阵。

$$\boldsymbol{R} = (r_{ij})_{m \times n}$$

步骤三，赋予不同定性等级以相应的权重系数

$$A = (a_1, a_2, \cdots, a_m)$$

步骤四，指标的评价值

$$B = A \cdot R = (b_1, b_2, \cdots, b_n)$$

（2）定量指标评价值的确定。在确定指标实际值后，对评价指标类型的一致化和评级指标的无量纲化处理。指标中含"极大型""居中型"和"极小型"指标。

对"极大型"指标：

$$x^* = \frac{x - \min\limits_i x_i}{\max\limits_i x_i - \min\limits_i x_i}$$

对"居中型"指标：

$$x^* = \begin{cases} \dfrac{2(x-m)}{M-m} \left(m \leqslant x \leqslant \dfrac{M+m}{2} \right) \\ \dfrac{2(M-x)}{M-m} \left(\dfrac{M+m}{2} \leqslant x \leqslant M \right) \end{cases}$$

对"极小型"指标：

$$x^* = \frac{\max\limits_i x_i - x}{\max\limits_i x_i - \min\limits_i x_i}$$

3. 评价指标的无量纲化

无量纲化及标准化、规范化的主要方法有：

（1）标准化法（Standardization Method）：标准化法是国家对现代化生产进行科学管理的有关标准化的法律规范的总称，也是数学中常用的一种无量纲化方法。

$$x_{ij}^* = \frac{x_{ij} - \overline{x}_j}{s_j}$$

（2）极值法（Extremum Method）：极值法是一种重要的数学思想和分析方法。

$$x_{ij}^* = \frac{x_{ij} - m_j}{M_j - m_j}$$

（3）功效系数法（Efficacy Coefficient Method）：功效系数法又叫功效函数法，它是根据多目标规划原理，对每一项评价指标确定一个满意值和不允许值，以满意值为上限，以不允许值为下限。计算各指标实现满意值的程度，并以此确定各指标的分数，再经过加权平均进行综合，从而评价被研究对象的综合状况。

$$x_{ij}^* = c + \frac{x_{ij} - m_j}{M_j - m_j} \times d$$

4. 指标体系的赋权方法

基于"功能驱动"原理的赋权法是一类"求大同存小异"的方法，主要包括集值迭代法、特征值法（层次分析法）。

层次分析法（the Analytic Hierarchy Process，简称 AHP），在 20 世纪 70 年代中期由美国运筹学家托马斯·塞蒂（T. L. Saaty）正式提出。它是一种定性和定量相结合的、系统化、层次化的分析方法。层次分析法是将与决策总是有关的元素分解成目标、准则、方案等层次，在此基础之上进行定性和定量分析的决策方法。该方法是美国运筹学家匹茨堡大学教授萨蒂于 20 世纪 70 年代初，在为美国国防部研究"根据各个工业部门对国家福利的贡献大小而进行电力分配"课题时，应用网络系统理论和多目标综合评价方法，提出的一种层次权重决策分析方法。它是一种定性和定量相结合的、系统化、层次化的分析方法。

AHP 法首先把问题层次化，按问题性质和总目标将此问题分解成不同层次，构成一个多层次的分析结构模型，分为最低层（供决策的方案、措施等），相对于最高层（总目标）的相对重要性权值的确定或相对优劣次序的排序问题。具体步骤如下：

步骤一：建立层次结构。根据对问题分析和了解，将问题所包含的因素，按照是否共有某些特征进行归纳成组，并把它们之间的共同特性看成是系统中新的层次中的一些因素，而这些因素本身也按照另外的特性组合起来，形成更高层次的因素，直到最终形成单一的最高层次因素。递阶层次结构如图 7.17 所示。

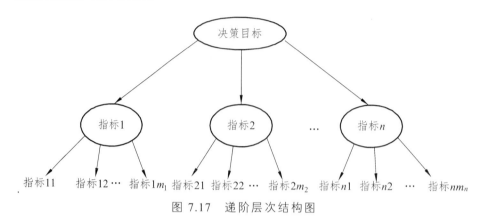

图 7.17 递阶层次结构图

步骤二：建立两两比较的判断矩阵（见表 7.12）。

表 7.12 判断矩阵

C_s	P_1	P_2	...	...	P_n
P_1	B_{11}	B_{12}	...	...	B_{1n}
P_2	B_{21}	B_{22}	...	...	B_{2n}
...	...	...	...	...	...
...	...	...	...	...	...
P_n	B_{n1}	B_{n2}	...	...	B_{nn}

步骤三：层次分析法。采用 1—9 标度方法，对不同情况的评比给出数量标度（见表 7.13）。

表 7.13 层次分析法标度判定

标度	定义与说明
1	两个元素对某个属性具有同样重要性
3	两个元素比较，一元素比另一元素稍微重要
5	两个元素比较，一元素比另一元素明显重要
7	两个元素比较，一元素比另一元素强烈重要
9	两个元素比较，一元素比另一元素极端重要
2，4，6，8	表示需要在上述两个标准之间折衷时的标度
$1/b_{ij}$	两个元素的反比较

步骤四：计算判断矩阵。判断矩阵中的 b_{ij} 是根据资料数据、专家的意见和系统分析人员的经验经过反复研究后确定。应用层次分析法保持判断思维的一致性是非常重要的，只要矩阵中的 b_{ij} 满足上述三条关系式时，就说明判断矩阵具有完全的一致性。

判断矩阵一致性指标 C.I.（Consistency Index）：

$$C.I. = \frac{\lambda_{\max} - n}{n - 1}$$

5．综合评价的数学模型

综合评价（Comprehensive Evaluation Method）也叫综合评价方法，是指使用比较系统的、规范的方法对于多个指标、多个单位同时进行评价的方法。也叫多指标综合评价方法。综合评价方法在现实中应用范围很广，综合评价的数学模型数学模型为线性评价模型、理想点评价模型、线性加权综合评价模型、非线性加权综合评价模型。

（1）线性评价模型：利用线性加权模型得出综合评价结果。

$$y = \sum_{j=1}^{m} w_j x_j$$

（2）非线性评价模型：非线性评价方法是指评价结果与指标值之间的关系是非线性的，主要指运用运筹学、模糊数学、系统工程等领域的方法进行评价，评价值与指标值之间的关系是非线性的。一些系统评价方法无须赋权，如主成分分析法、数据包络分析、TOPSIS 法等；另一些系统评价方法也可以赋权，采用主客观赋权方法均可，但一般以主观赋权为主，如加权 TOPSIS 法、EL ECTRE 法、模糊综合评价法、PROMETHEE 等。

$$y = \prod_{j=1}^{m} x_j^{w_j}$$

（3）理想点评价模型：理想点法（Ideal Point Method）是一种评价函数方法，是使各目标值尽可能逼近其理想（最优）值的求解多目标规划问题的一种评价函数方法。

$$y = \sum_{j=1}^{m} w_j (x_j - x_j^*)^2$$

（4）线性加权综合评价模型：线性加权和法（Linear Weighted Sum Method）是一种评价函数方法，是按各目标的重要性赋予它相应的权系数，然后对其线性组合进行寻优的求解多目标规划问题的方法。

$$y_i = \sum_{j=1}^{m} w_j x_{ij}$$

（5）非线性加权综合评价模型：利用非线性加权模型得出综合评价结果。非线性加权综合评价模型既能够反映某种指标的突出影响，又能把线性加权平均模型看作它的特例。

$$y_i = \prod_{j=1}^{m} x_{ij}^{w_j}$$

式中，y_i 为第 i 个系统的综合评价值。

7.4 系统安全性的综合评价方法

系统安全性（System Safety）的综合评价方法（Comprehensive Evaluation Method）较多，但常用的方法主要有模糊综合评价、粗糙集综合评价、价值函数和多维数理论等。

7.4.1 系统安全性的模糊综合评价

模糊综合评价法是一种基于模糊数学的综合评价方法。该综合评价法根据模糊数学的隶属度理论把定性评价转化为定量评价，即用模糊数学对受到多种因素制约的事物或对象做出一个总体的评价。它具有结果清晰，系统性强的特点，能较好地解决模糊的、难以量化的问题，适合各种非确定性问题的解决。

1. 城市道路安全水平评价模型

由于交通安全状况的优劣是相对于标准值而言的，安全与否只是一个相对概念，很难对道路交通系统是安全的或不安全的做出明确的结论。

因此城市道路交通安全与否可以作为一个模糊问题来处理，采用模糊数学建立城市道路安全水平评价模型是可行的。一般过程如下：

首先，运用层次分析法确定指标权重。

确定权重采用美国匹兹堡大学教授 T. L. Saaty 在 20 世纪 70 年代初提出来的 AHP 层次分析法。通常采用 T. L. Saaty 教授提出的 1—9 标度法，如表 7.14 所示。

表 7.14 判断矩阵的比较标度及其含义

标度值	含 义
1	因素 u_i 与 u_j 比较，具有同等的重要性
3	因素 u_i 与 u_j 比较，u_i 比 u_j 稍微重要
5	因素 u_i 与 u_j 比较，u_i 比 u_j 明显重要
7	因素 u_i 与 u_j 比较，u_i 比 u_j 强烈重要
9	因素 u_i 与 u_j 比较，u_i 比 u_j 极端重要
2，4，6，8	分别表示相邻判断 1—3，3—5，5—7，7—9 的中间值
倒数	因素 u_i 与 u_j 比较得判断 u_{ij}，则 u_j 与 u_i 比较得判断 $u_{ji} = 1/u_{ij}$

根据标度表可以构造判断矩阵 $\boldsymbol{T}$：

$$\boldsymbol{T} = \begin{bmatrix} u_{11} & u_{12} & \cdots & u_{1m} \\ u_{21} & u_{22} & \cdots & u_{2m} \\ \vdots & \vdots & \ddots & \vdots \\ u_{m1} & u_{m2} & \cdots & u_{mm} \end{bmatrix}$$

然后采用方根法计算各层元素对系统目标的合成权重，具体步骤如下：

（1）计算判断矩阵每一行元素的乘积 M_i。

$$M_i = \prod_{j=1}^{m} u_{ij} \quad (i, j = 1, 2 \cdots, m)$$

（2）计算 M_i 的方根。

$$\bar{W}_i = \sqrt[m]{M_i}$$

（3）对向量 $\bar{W} = (\bar{W}_1, \bar{W}_2, \cdots, \bar{W}_1)$ 作归一化处理，即

$$W_i = \frac{\bar{W}_i}{\sum_{j=1}^{m} \bar{W}_j}$$

则 $W = (W_1, W_2, \cdots, W_1)$ 即为所求指标权重向量。

得到指标权重向量之后，进行一致性检验，下式为检验公式：

$$CR = \frac{CI}{RI}$$

式中，CR 为判断矩阵的随机一致性比率；RI 为判断矩阵的平均随机一致性指标，由大量实验给出，对于低阶判断矩阵，取值可查平均随机一致性指标值，见表 7.15。

CI 为判断矩阵一致性指标，CI 的表达式为

$$CI = \frac{1}{m-1}\left(\lambda_{\max} - m\right)$$

其中，$\lambda_{\max}$ 为判断矩阵 T 的最大特征根，且

$$\lambda_{\max} = \frac{1}{m}\sum_{i=1}^{m}\frac{\sum_{j=1}^{m} u_{ij}W_i}{W_i}$$

表 7.15　平均随机一致性指标值

n	1，2	3	4	5	6	7
RI	0	0.58	0.94	1.12	1.24	1.32
n	8	9	10	11	12	13
RI	1.41	1.45	1.49	1.51	1.54	1.56

当 $CR < 0.1$ 时，即认为判断矩阵的一致性可以接受；反之，应对判断矩阵进行修正，直到一致性可以接受为止。

其次，构建城市道路交通安全模糊综合评价模型。

（1）确定因素集 $U = (u_1, u_2, \cdots, u_n)$。

（2）确定评判集 $V = (v_1, v_2, \cdots, v_n)$。

（3）建立单因素（因素层）评判矩阵 $R = (r_{ij})_{n \times m}$。

（4）根据各因素的权重，构成指标层权向量 $A_i = (a_1, a_2, \cdots, a_n)$，准则层

162

$A' = (a_1, a_2, \cdots, a_s)$。这里，$\sum\limits_{i=1}^{n} a_i = 1, a_i \geqslant 0, i = 1, 2, \cdots, n$。

（5）做出综合评判。评判向量 $\boldsymbol{B} = \boldsymbol{A} \cdot \boldsymbol{B} = (b_1, b_2, \cdots, b_n)$。

（6）构造准则层评判矩阵 $\boldsymbol{R}' = (\boldsymbol{B}_1, \boldsymbol{B}_2, \cdots, \boldsymbol{B}_s)^{\mathrm{T}}$。

（7）计算 U 的二级综合评判向量为 $\boldsymbol{B} = \boldsymbol{A} \cdot \boldsymbol{R}'$。

（8）计算评估值。

对城市道路交通安全采用百分制进行定量评价，该评价指标体系给定各评语等级的分数如表 7.16 所示，即 $\boldsymbol{T} = (95, 85, 75, 65, 55)^{\mathrm{T}}$。

表 7.16　评价等级对应分数

评级	一	二	三	四	五
分数	95	85	75	65	55

通过对评判集 V 中的元素赋予相应分值，计算出城市道路交通安全的最终得分 $S = \boldsymbol{B} \cdot \boldsymbol{T}$，这里 $\boldsymbol{T}$ 为四个评语等级的分数所构成的列向量。

参照某城市交通畅通工程的评价体系和有关原则，对城市道路交通安全评价等级进行界定，如表 7.17 所示。

表 7.17　评价等级对应分数段

分数段	等级
$S \geqslant 90$	一级安全
$80 \leqslant S < 90$	二级安全
$70 \leqslant S < 80$	三级安全
$60 \leqslant S < 70$	不安全
$50 \leqslant S < 60$	很不安全
$S < 50$	特别不安全

最后，计算综合得分。

综合得分的确定采用线性加权和法将指标分值逐层向上一级指标进行综合，直至得到第一级指标的综合得分。其公式为

$$R_{ij} = \sum_{l=1}^{n} (R_{ijl} \cdot W_{ijl})$$

$$R_i = \sum_{j=1}^{n} (R_{ij} \cdot W_{ij})$$

$$R = \sum_{i=1}^{n} (R_i \cdot W_i)$$

式中，n 为每一上层指标所包含的下层指标数，$n = 1, 2, \cdots$。

2. 模糊 C-均值聚类评价模型

Zadeh 提出的模糊集理论为这种软划分提供了有力的分析工具，人们开始用模糊的方法来处理聚类问题，并称之为模糊聚类分析。由于模糊聚类得到了样本属于各个类别的不确定性的描述，能更加客观地反映显示世界，从而成为聚类分析研究的主流。

（1）模糊 C-均值聚类的原理。

给定数据集 $X = \{x_1, x_2, \cdots, x_n\}$，其中每个样本包含 s 个属性。模糊 C-均值聚类就是将 X 划分为 c 类 $(2 \leqslant c \leqslant n)$，$V = \{v_1, v_2, \cdots, v_c\}$ 是 c 个聚类中心。在模糊划分中，每一个样本不能严格地划分为某一类，而是以一定的隶属度属于某一类。

（2）模糊 C-均值聚类的迭代公式。

设 $X = \{X_1, X_2, \cdots, X_N\} \subset \boldsymbol{R}^p$，$\boldsymbol{R}^p$ 表示 p 维实数向量空间，令 u_{ik} 表示第 k 个样本属于第 i 类的隶属度，且 u_{ik} 满足：

$$0 \leqslant u_{ik} \leqslant 1, u_{ik} = 1,$$

$$0 < \sum_{k=1}^{N} u_{ik} < N, 1 \leqslant k \leqslant N, 1 \leqslant i \leqslant c$$

记 v_i 表示第 i 类的聚类中心，则 X 的一个模糊 C-均值聚类就是求如下目标函数的最小值：

$$J(U, V) = \sum_{k=1}^{N} \sum_{i=1}^{c} (u_{ik})^m (d_{ik})^2$$

其中，$d_{ik} = \|x_k - v_i\|$ 为第 k 个序列到第 i 类中心的欧氏距离。

模糊 C-均值聚类的具体步骤如下：

第一步，取定 c, m 和初始隶书度矩阵 $\boldsymbol{U}^0$，迭代步数 $I = 0$；

第二步，计算聚类中心 V。

$$v_i^{(l)} = \frac{\sum\limits_{k=1}^{N} (u_{ik}^{(l)})^m \cdot x_k}{\sum\limits_{k=1}^{N} (u_{ik}^{(l)})^m}$$

其中，$i = 1, 2, \cdots, c,$ 且 $1 < m$。

第三步，修正 U。

$$u_{ik}^{l+1} = 1 \bigg/ \sum_{j=1}^{c} \left(\frac{d_{ik}}{d_{jk}} \right)^{\frac{2}{m-1}}, \forall i, k$$

第四步，对给定的 $\varepsilon > 0$，实际计算时应对取定的初始值进行迭代计算直至 $\max\{|u_{ik}^{t} - u_{ik}^{t-1}|\} < \varepsilon$ 则算法终止，否则 $l = l+1$，转向第二步。

若 $u_{jk} = \max\{u_{ik}\}$，则 $x_k \in$ 第 j 类。

（3）模糊聚类准则。

所谓模糊聚类准则，就是最佳聚类数的确定问题，通常聚类有以下两种准则：

准则一，R^2 统计量。

设在某谱系水平上类的个数为 G，类 G_k 中样品的类内离差平方和为

$$S_k = \sum_{i \in k} (x_i - \overline{x}_k)^{\mathrm{T}} (x_i - \overline{x}_k)$$

其中，$\overline{x}_k$ 是类 G_k 的重心，S_k 越小，表明类 G_k 中样品越相似。

又记所有样品的离差平方和：

$$T = \sum_{i=1}^{n} (x_i - \overline{x}_k)^{\mathrm{T}} (x_i - \overline{x}_k)$$

其中，$\overline{x} = \frac{1}{n} \sum\limits_{i=1}^{n} x_i$ 是所有样品的均值，于是有 R^2 统计量：

$$R^2 = 1 - \frac{P_G}{T}$$

其中，$P_G = \sum\limits_{k=1}^{G} S_k$ 表示所有样品分成 G 个类别时，各类内样品离差平方和，该统计量用于评价每次合并时的聚类效果。

准则二，伪 F 统计量。

$$PSF = \frac{(T - P_G) \cdot (G-1)^{-1}}{P_G \cdot (n-G)^{-1}}$$

其中，$T - P_G$ 表示所有样品分成 G 个类别时的类间离差平方和；$G-1$ 是其自由度，用于描述分为 G 个类别时的聚类效果。

3. 模糊 C-均值聚类的 MATLAB 实现

在 MATLAB 中（$m = 2$），我们只需要直接调用如下程序即可实现模糊 C-均值聚类[Center，U，obj_fcn]=fcm（data，cluster_n）

data: 要聚类的数据集合，每一行为一个样本；

cluster_n: 聚类数（大于1）；

Center: 最终的聚类中心矩阵，其每一行为聚类中心的坐标值；

U: 最终的模糊分区矩阵；

obj_fcn: 在迭代过程中的目标函数值。

7.4.2 基于价值函数的综合评价

对于一个多指标多目标的综合测度问题，设测度的方案集 $A = \{A_1,$ $A_2,\ \cdots,\ A_m\}$，测度指标集 $X = \{x_1,\ x_2,\ \cdots,\ x_n\}$，决策矩阵 $\boldsymbol{D} = \{d_{ij}\}$，其中 $i = 1,\ 2,\ \cdots,\ m;\ j = 1,\ 2,\ \cdots,\ n$。

价值函数就是多指标多目标决策问题的效用函数。一般在决策矩阵 $\boldsymbol{D}$ 上的效用函数为线性函数或指数函数，如果测度指标间满足偏好独立性条件，则总体价值函数是相加性的，即

$$U(A_i) = \sum_{j=1}^{n} w_j x_j(d_{ij})$$

其中 w_j——多指标的加权系数。

根据系统的特征，选用指数形式的价值函数组合指标价值函数。设 x_j 的价值函数

$$x_j(d_{ij}) = Ce^{f_j(d_{ij})B}$$

其中　C，B——待定常数；

f_j—— x_j 的值域集合到值域 $[0，1]$ 的映射函数。

1. 确定价值函数的值

由于测度指标的计算方法和含义不同，所以它们属于不同类型指标。通常测度指标有：效益型、成本型和固定型。所以，记 I_1 为效益型指标集合，I_2 为成本型指标集合，I_3 为固定型指标集合。令 $d_j^* = \max\limits_j d_{ij}$，$d_j^o = \min\limits_j d_{ij}$，其中 r_j 为固定指标值（ $x_j \in I_3$），取

$$f_j(d_{ij}) = \begin{cases} d_{ij}/d_j^*, & x_j \in I_1 \\ 1-d_{ij}/d_j^*, & x_j \in I_2 \\ d_{ij}/r_j, & x_j \in I_3 且 d_{ij} < r_j \\ 1-d_{ij}/d_j^*, & x_j \in I_3 且 d_{ij} \geqslant r_j \end{cases}$$

系数 C，B 属已知价值函数形式的特定参数，可通过参数特征（最大值、中间值、最小值的效用）求出，这时价值函数就可唯一求得。

$$x_j(d_{ij}) = \begin{cases} x^*(\overline{x}/x^*)^{2k_1} \cdot \exp\left\{d_{ij} \cdot (d_j^*)^{-1} \cdot \ln(\overline{x}/x^*)^{-2k_1}\right\}, & x_j \in I_1 \\ x^*(\overline{x}/x^*)^2 \cdot \exp\left\{(d_j^* - d_{ij}) \cdot (d_j^*)^{-1} \cdot \ln(\overline{x}/x^*)^{-2k_1}\right\}, & x_j \in I_2 \\ x^*(\overline{x}/x^*)^{4k_2} \cdot \exp\left\{d_{ij} \cdot (r_j)^{-1} \cdot \ln(\overline{x}/x^*)\right\}, & x_j \in I_3 d_{ij} \leqslant r_j \\ x^*(\overline{x}/x^*)^2 \cdot \exp\left\{(d_j^* - d_{ij}) \cdot d_j^* \cdot \ln(\overline{x}/x^*)^{-4k_2}\right\}, & x_j \in I_3 且 d_{ij} > r_j \end{cases}$$

其中，$k_1 = d_j^*/(d_j^* - d_j^o)$，$k_2 = r_j/(d_j^* - d_j^o)$，$x^*$ 为最优指标效用，$\overline{x}$ 为中值指标效用。

2. 利用相对比较法确定测度指标权重系数

相对比较法是将所有测度指标分别按行和列排列，构成一个正方形的表，再根据三级比例标度对任意两个指标的相对重要关系进行分析，并将评分值记入表中相应位置；将各个指标评分值按行求和，得到各个指标的评分总和；最后做归一化处理，得到指标的权重系数。

三级比例标度两两相对比较评分的分值为 q_{ij}，则标度值

$$q_{ij} = \begin{cases} 1, & x_i \text{比} x_j \text{重要} \\ 0.5, & x_i \text{与} x_j \text{同样重要} \\ 0, & x_i \text{不如} x_j \text{重要} \end{cases}$$

则评分构成的矩阵

$$\boldsymbol{Q} = (q_{ij})_{n \times n}$$

其中，$q_{ii} = 0.5$，$q_{ij} + q_{ji} = 1$。

则指标 x_i 的权重系数

$$w_i = \left(\sum_{j=1}^{n} q_{ij} \right) \cdot \left(\sum_{i=1}^{n} \sum_{j=1}^{n} q_{ij} \right)^{-1}$$

7.4.3　基于多维联系数的综合评价

由于多维联系数是一个新生事物，国内外还没有学者对它进行系统研究。应用系统科学思想、利用不确定性数学方法，在界定多维联系数定义的基础上，研究其运算和算法，并建立基于多维联系数的综合评价模型。

1. 多维联系数的界定

当利用 n 个指标 $i_1, i_2, \cdots, i_n$ 对某一事物或现象进行测度时，如果测度指标间满足偏好独立性条件，则总体效用函数是相加性的。所以，这时把 n 个指标看成 n 个维度 $\vec{i_1}, \vec{i_2}, \cdots, \vec{i_n}$，用一个效用函数表示为

$$\boldsymbol{\mu} = c_1 \vec{i_1} + c_2 \vec{i_2} + \cdots + c_n \vec{i_n}$$

其中　　$\vec{i_1}, \vec{i_2}, \cdots, \vec{i_n}$——$n$ 个指标代表的维数（$n = 1$，2，3，$\cdots$）；

$c_1, c_2, \cdots, c_n \in \mathbf{R}$——相应指标 $\vec{i_1}, \vec{i_2}, \cdots, \vec{i_n}$ 的考察值。

则把效用函数 $\boldsymbol{\mu} = c_1 \vec{i_1} + c_2 \vec{i_2} + \cdots + c_n \vec{i_n}$ 称为 n 维联系数，即多维联系数。例如，当有 4 个指标时，多维联系数为

$$\boldsymbol{\mu} = c_1 \vec{i_1} + c_2 \vec{i_2} + c_3 \vec{i_3} + c_4 \vec{i_4}$$

当有 3 个指标时，多维联系数为

$$\boldsymbol{\mu} = c_1 \vec{i_1} + c_2 \vec{i_2} + c_3 \vec{i_3}$$

2. 基于多维联系数的测度模型

对于一个多指标的综合测度问题，设测度事物或现象的方案集 $A = (A_1, A_2, \cdots, A_m)$，测度指标集 $I = (i_1, i_2, \cdots, i_n)$，且指标集的权重向量 $\boldsymbol{W} = (w_1, w_2, \cdots, w_n)$，其中 $w_i \in [0,1]$，$\sum_{i=1}^{n} w_i = 1$。

利用指标集对方案 A_i 进行考察时，其考察值为 $\boldsymbol{\mu}_i = c_{i1} \vec{i}_1 + c_{i2} \vec{i}_2 + \cdots + c_{in} \vec{i}_n$，决策矩阵

$$\boldsymbol{D} = \begin{bmatrix} \overset{i_1}{c_{11} \vec{i}_1} + \overset{i_2}{c_{12} \vec{i}_2} + \cdots + \overset{i_n}{c_{1n} \vec{i}_n} \\ c_{21} \vec{i}_1 + c_{22} \vec{i}_2 + \cdots + c_{2n} \vec{i}_n \\ \vdots \\ c_{m1} \vec{i}_1 + c_{m2} \vec{i}_2 + \cdots + c_{mn} \vec{i}_n \\ \underset{w_1}{} \quad \underset{w_2}{} \quad \cdots \quad \underset{w_n}{} \end{bmatrix} \begin{matrix} A_1 \\ A_2 \\ \vdots \\ A_m \end{matrix}$$

由于各指标的含义不同，指标值的计算方法也不同，造成各个指标的量纲各异。因此，即使各指标定量化了，也不能直接进行计算，必须先对指标进行标准化处理。所以，为了使各指标有公度性，通过构造关联函数将各指标进行标准化处理。

当 i_i 为效益型指标时：

$$b_{ij} = c_{ij} / \sum_{k=1}^{m} c_{ik}$$

当 i_i 为成本型指标时：

$$b_{ij} = \frac{1}{c_{ij}} / \sum_{k=1}^{m} \frac{1}{c_{ik}} \tag{7.1}$$

则标准化矩阵

$$\boldsymbol{B} = \begin{bmatrix} \overset{i_1}{b_{11} \vec{i}_1} + \overset{i_2}{b_{12} \vec{i}_1} + \cdots + b_{1n} \vec{i}_n \\ b_{21} \vec{i}_1 + b_{22} \vec{i}_2 + \cdots + b_{2n} \vec{i}_n \\ \vdots \\ b_{m1} \vec{i}_1 + b_{m2} \vec{i}_2 + \cdots + b_{mn} \vec{i}_n \\ \underset{w_1}{} \quad \underset{w_2}{} \end{bmatrix} \tag{7.2}$$

根据式（7.1）、（7.2）将决策矩阵 $\boldsymbol{D} = (c_{ij})_{m \times n}$ 转化为标准化矩阵

$B = (b_{ij})_{m \times n}$；再根据式 $\mu_i = c_{i1} \vec{i_1} + c_{i2} \vec{i_2} + \cdots + c_{in} \vec{i_n}$，将 $B = (b_{ij})_{m \times n}$ 转化为 n 维联系数决策矩阵，则

$$\mu_i = b_{i1} \vec{i_1} + b_{i2} \vec{i_2} + \cdots + b_{in} \vec{i_n}$$

所以，基于多维联系数的测度模型的计算过程如下：

步骤一，确定指标的权重向量 $W = (w_1, w_2, \cdots, w_m)^{\mathrm{T}}$。

权重系数应当是各个指标在指标总体中的变异程度和对其他指标的影响程度的度量，赋权的原始信息应当直接来源于客观环境，可根据各指标所提供的信息量的大小来决定相应指标的权重系数。具体方法如下：

（1）计算第 j 个指标在第 i 个方案所占的比重

$$p_{ij} = x_{ij} / \sum_{i=1}^{m} x_{ij}$$

其中　x_{ij}——标准化处理后的计算值。

（2）计算第 j 个指标的熵值 $e_i = -(\ln n)^{-1} \sum_{i=1}^{m} p_{ij} \ln p_{ij}$。

（3）计算第 j 个指标的差异系数 $g_j = 1 - e_j$。

（4）计算第 j 个指标的权重 $w_j = g_j / \sum_{j=1}^{n} g_j$。

故指标 I_i 的权重系数

$$w_i = \left[1 + (\ln n)^{-1} \sum_{j=1}^{m} p_{ij} \ln p_{ij} \right] \cdot \left[\sum_{i=1}^{n} \left[1 + (\ln n)^{-1} \sum_{j=1}^{m} p_{ij} \ln p_{ij} \right] \right]^{-1}$$

步骤二，确定每个指标的绝对理想解和绝对负理想解。

定义指标的理想解和负理想解分别表示为

正理想解：

$$\mu^+ = b_1^+ \vec{i_1} + b_2^+ \vec{i_2} + \cdots + b_n^+ \vec{i_n}$$

其中，$b_r^+ = \max_{1 \leqslant k \leqslant m} (b_{kr}), r = 1, 2, \cdots, n$。

负理想解：

$$\mu^- = b_1^- \vec{i_1} + b_2^- \vec{i_2} + \cdots + b_n^- \vec{i_n}$$

其中，$b_r^- = \min\limits_{1 \leqslant k \leqslant m}(b_{kr}), r = 1, 2, \cdots, n$。

因此，指标的绝对理想解为

$$\boldsymbol{\mu}^+ = 1\vec{i}_1 + 1\vec{i}_2 + \cdots + 1\vec{i}_n$$

绝对负理想解为

$$\boldsymbol{\mu}^- = 0\vec{i}_1 + 0\vec{i}_2 + \cdots + 0\vec{i}_n$$

步骤三，利用海明距离计算各决策方案到绝对理想解的距离。

$$d(\mu_{kr}, \boldsymbol{\mu}^+) = \sum_{r=1}^{n} \left| b_{kr} - b_r^+ \right|$$

则

$$d_k^+ = \boldsymbol{W}^{\mathrm{T}} \cdot d(\mu_{kr}, \boldsymbol{\mu}^+) = \sum_{r=1}^{n} \left(w_r \cdot \left| b_{kr} - b_r^+ \right| \right)$$

步骤四，利用海明距离计算各决策方案到绝对负理想解的距离。

令

$$d(\mu_{kr}, \boldsymbol{\mu}^-) = \sum_{r=1}^{n} \left| b_{kr} - b_r^- \right|$$

则

$$d_k^- = \boldsymbol{W}^{\mathrm{T}} \cdot d(\mu_{kr}, \boldsymbol{\mu}^-)$$
$$= \sum_{r=1}^{n} \left(w_r \cdot \left| b_{kr} - b_r^- \right| \right)$$

步骤五，根据各决策方案到绝对理想解的距离 d_k^+ 和到负理想解的距离 d_k^-，计算综合测度指数 p_k（ $k = 1, 2, \cdots, m$）；根据 p_k 对各决策方案进行排序和择优， p_k 越大，则方案越优。

p_k 的计算公式为

$$p_k = d_k^- \cdot (d_k^+ + d_k^-)^{-1}$$

7.4.4 系统安全性的模糊评定

综合评估就是应用模糊变换原理和最大隶属度原则，考虑与被评估方案的各个指标，利用五级标度法在确定各个指标权重的基础上，对其所做的综合评估。为了使计算过程科学合理、有可比性，先做如下定义。

定义 1 如果有 n 个变量的函数 f 满足

（0，1）原则：$f(0,0,\cdots,0) = 0, f(1,1,\cdots,1) = 1$；

递增原则：如果 $x_i \leqslant y_i (i = 1,2,\cdots,n)$，则 $f(x_1,x_2,\cdots,x_n) \leqslant f(y_1,y_2,\cdots,y_n)$，

则称函数 $f:[0,1]^n \to [0,1]$ 为评判函数。

定义 2 若 f 是评判函数，则

$$f(x_1,x_2,\cdots,x_n) = \sum_{i=1}^{n} x_i a_i$$

且

$$\sum_{i=1}^{n} a_i = 1, a_i \geqslant 0$$

1. 建立因素集

影响高速公路交通安全态势评估对象取值（得分）的各因素组成的集合称为因素集，因素集是普通集合，通常用字母 u 表示，即 $u = \{u_1, u_2, u_3, \cdots, u_m\}$，其中因素集中的这些因素 $u_i(i = 1,2,3,\cdots,m)$ 都应该具有模糊性。

2. 确定指标权重集

一般来说，各因素影响高速公路交通安全态势评估对象取值的重要程度是不尽相同，为了区别，对给定因素 $u_i(i = 1,2,3,\cdots,m)$ 应该赋予一个相应权数 $a_i(i = 1,2,3,\cdots,m)$，由各权数组成集合

$$\underline{A} = \frac{a_1}{u_1} + \frac{a_2}{u_2} + \frac{a_3}{u_3} + \cdots + \frac{a_m}{u_m}$$

其中都满足

$$\sum_{i=1}^{m} a_i = 1, a_i \geqslant 0$$

则 $\underline{A}$ 称为因素权重集。

在模糊数学综合评估中，权重是体现某种意义下重要性程度的数值，具有权衡比较不同评估因子之间差异程度的作用。只有通过加权综合，才能揭示不同评估因子之间的内在联系，使评估结果更接近和符合实际情况。由于各指标在系统中所起的作用不同，在对系统作综合评估时，以五级权重法对人们贡献率方法计算权重，即指标对人们的工作、生活愈相关联，权数也就愈大，如表 7.18 所示。

表 7.18　指标级别

等级	一级	二级	三级	四级	五级
属性	特别重要	极重要	较重要	重要	一般
取值范围	（0.9，1.0）	（0.8，0.9）	（0.7，0.8）	（0.6，0.7）	（0.5，0.6）

由于系统评估问题中的指标在不同情况下所起的作用不同，所以它在不同的情况下属于不同的级别。因此在具体的评估问题中，结合实际情况就可以得到不同指标的级别，然后根据指标级别的取值范围就可得到指标 $G_j (j = 1, 2, \cdots, m)$ 的初始权重值 $z_j (j = 1, 2, \cdots, m)$，最后运用模糊数学中的有关知识，将它模糊处理为：$w_j = (z_j - a)/(b - a)$ $(j = 1, 2, \cdots, m)$（一般情况下 $a = 0.5, b = 1.0$）。

为了使权重满足归一化条件，再把指标的权重规范化处理。令

$$a_j = w_j \Big/ \left(\sum_{i=1}^{m} w_i \right), j = 1, 2, \cdots, m$$

则各指标的权重为

$$A = (a_1, a_2, \cdots, a_\mu)$$

且

$$\sum_{i=1}^{m} a_i = 1, a_i \geqslant 0$$

3. 建立评估集

评估集是评估者对评估对象可能做出的各种评估结果所组成的集合，用 V 表示，即 $V = \{v_1, v_2, v_3, \cdots, v_n\}$。在系统安全态势评估中，取评估集 $V = \{很好，好，一般，差，很差\}$ 并赋予相应的数值，如表 7.19 所示。

表 7.19 评估集

评估集合	一 级	二 级	三 级	四 级	五 级
	优	良	中	一般	差
对应值	2	1	0	−1	−2

4. 单因素模糊评估

单独从一个因素出发进行评估，以确定评估对象对评估集合中元素的隶属度，称为单因素模糊评估。一般情况下，设评估对象按因素集中第 i 个因素 u_i 进行评估，对评估集中第 j 个因素 v_j 的隶属度为 γ_{ij}，其结果为可表示成为模糊集合：

$$\underline{R}_i = \frac{v_{i1}}{v_1} + \frac{v_{i2}}{v_2} + \frac{v_{i3}}{v_3} + \cdots + \frac{v_{in}}{v_n} \quad (i = 1, 2, 3, \cdots, n)$$

$\underline{R}_i$ 称为单因素评估集，将各单因素评估集的隶属度为行组成模糊矩阵 $\underline{R}$ 称为单因素评估矩阵，即

$$\underline{R} = \begin{bmatrix} \underline{R}_1 \\ \underline{R}_2 \\ \underline{R}_3 \\ \vdots \\ \underline{R}_m \end{bmatrix} = \begin{bmatrix} \gamma_{11} & \gamma_{12} & \gamma_{13} & \cdots & \gamma_{1n} \\ \gamma_{21} & \gamma_{22} & \gamma_{23} & \cdots & \gamma_{2n} \\ \gamma_{31} & \gamma_{32} & \gamma_{33} & \cdots & \gamma_{3n} \\ \vdots & \vdots & \vdots & & \vdots \\ \gamma_{m1} & \gamma_{m2} & \gamma_{m3} & \cdots & \gamma_{mn} \end{bmatrix}$$

5. 综合评估

系统安全性评估问题是一个多目标评估问题，不同指标反映了它的不同特性，所以在评估时，为了综合考虑全部因素对系统取值的影响，需要进行模糊综合评估。

因为各指标因素权重不等，则作模糊矩阵运算

$$\underline{B} = \underline{A} \cdot \underline{R}$$

所以，模糊评估最终结果

$$W = \underline{B} \cdot V^{\mathrm{T}}$$

7.4.5　系统安全性的粗集约简评价

波兰学者 Pawlak. Z. 1982 年提出的粗糙集（Rough Set）理论是一种研究不完整、不确定知识的表达、学习及归纳的数学方法。它为研究不精确数据和不完整数据的分析、推理，挖掘数据之间的关系，发现潜在的知识提供了行之有效的工具。该方法计算简单，完全从数据中分析各个预测方法的重要程度，克服了一些专家评估方法的主观性，使得综合评估更具客观性。

1. 不可分辨关系

粗集理论认为知识是与分类紧密联系在一起的，知识是基于对象分类的能力，分类的过程就是将相差不大的对象分为一类，它们的关系就是不可分辨关系也称等价关系。知识库可表示为 $K = (U, R)$。其中 U 为非空有限集称为论域，R 是 U 上的一族等价关系。U / R 为 R 的所有等价类族。$[X]_R$ 表示包含元素 $x \in U$ 的 R 的等价类。若 $P \subseteq R$ 且 $P \neq \varnothing$，则 P 中全部等价关系的交集也是一种等价关系，称为 P 上的不可分辨关系，记 $ind(P)$，$[X]_{ind(R)} = \bigcap_{R \in P} [X]_R$，$P \subseteq R$。

2. 粗集的近似及边界

粗集对不精确概念通过上近似和下近似两个精确集来表示。给定知识库 $K = (U, R)$，对于每个子集 $x \in U$ 和一个等价关系 $R \in ind(K)$，定义两个子集：

$$R\_(X) = \{x \mid [x]_R \subset X, x \in U\}$$

$$R^-(X) = \{x \mid [x]_R \bigcap X \neq \varnothing, x \in U\}$$

175

分别称 $R_{-}(X)$、$R^{-}(X)$ 为 X 的 R 下近似集和 R 上近似集，集合 X 的 R 边界域定义为

$$bn_R(X) = R^{-}(X) - R_{-}(X)$$

同时，定义 $posR(X) = R_{-}(X)$ 为 X 的 R 正域；$negR(X) = U - R_{-}(X)$ 为 X 的 R 负域。

3. 信息系统与决策表

知识表达系统也称为信息系统，是用关系表的形式表达的。具有条件属性和决策属性的知识表达系统就是决策表。决策表是一类特殊而重要的知识表达系统。设 $S = (U, A, V, f)$ 为知识表达系统。其中：$S = (x_1, x_2, \cdots, x_n)$ 是对象的有限集合；$A = (a_1, a_2, \cdots, a_n)$ 为属性的有限集合；V 为属性 A 所构成的域；$f: U \times A \to V$ 为一个信息函数，U 中任一元素取属性 a 在 V 中有唯一确定值，$A = C \cup D$，C 为条件属性的集合；D 为决策属性的集合。

4. 决策表的简化

决策表的简化就是化简决策表中的条件属性，化简后的决策表具有与化简前的决策表相同的功能，但是化简后的决策表具有更少的条件属性。因此，决策表的简化在实际应用中相当重要，同样的决策可以基于更少量的条件，使我们通过一些简单的手段就能获得同样要求的结果。决策表的简化步骤如下：

（1）进行条件属性的简化，即从决策表中消去某些列；

（2）消去重复的行；

（3）消去属性的冗余值。

7.4.6　系统安全性的约简评价模型

设 $x_1, x_2, \cdots, x_n$ 表示 n 个待评估的对象，记为 $X = \{x_1, x_2, \cdots, x_n\}$，称之为论域；评估 $x_i(x_i \in X)$ 有 m 项指标 $I_1, I_2, \cdots, I_m$，记为 $I = \{I_1, I_2, \cdots, I_m\}$。用 x_{ij} 表示对象 x_i 在指标 I_j 下的观测值。设 $C = \{c_1, c_2, \cdots, c_k\}$ 为评估空间，其中，$c_k(1 \leqslant k \leqslant K)$ 为第 k 个评语等级。

1. 单指标未确知测度

对象 x_i 关于指标 I_j 的观测值 x_{ij} 不同时，则该指标使 x_i 处于各评语等级的程度也不同。设 x_{ij} 使 x_i 处于第 k 个评估等级 c_k 的程度为 $\mu_{ijk} = \mu(x_{ij} \in c_k)$。那么 μ_{ijk} 是对程度的一种测量结果，作为一种测度它必须满足通常的诸如"非负有界性、可加性、归一性"三条测量准则，即 μ_{ijl} 满足：

（1）$0 \leqslant \mu_{ijk} \leqslant 1$；

（2）$\mu\left(x_{ij} \in \bigcup_{k=1}^{K} c_k\right) = \sum_{k=1}^{K} \mu(x_{ij} \in c_k)$；

（3）$\mu(x_{ij} \in c) = 1$。

其中，$i = 1, 2, \cdots, n; j = 1, 2, \cdots, m; k = 1, 2, \cdots, K$。

称满足上述三条测量准则的 μ_{ijk} 为未知测度，简称测度，称

$$(\mu_{ijk})_{m \times K} = \begin{bmatrix} \mu_{i11} & \mu_{i12} & \cdots & \mu_{i1K} \\ \mu_{i21} & \mu_{i22} & \cdots & \mu_{i2K} \\ \vdots & \vdots & & \vdots \\ \mu_{im1} & \mu_{im2} & \cdots & \mu_{imK} \end{bmatrix} \quad (i = 1, 2, \cdots, n) \qquad （7.3）$$

为对象 x_i 的单指标测度评估矩阵。其中 $\mu_j^i (1 \leqslant j \leqslant m)$ 表示 x_{ij} 使 x_i 处于各个评语等级的未知测度。

2. 评估指标权重系数

选用层次分析法确定指标的权重，无须样本数据，可处理 9 个因素以上的问题。采用层次分析法的关键是建立判断矩阵，在构造判断矩阵时，当因素个数较多时，采用传统的（1，9）标度法时，由于判断过程中存在的复杂性和模糊性，较难一次得到满意的判断矩阵，而采用改进层次分析法能够更加准确的构造判断矩阵，使得判断结果更加合理，而（0，1，2）三标度法的改进层次分析法就可得到较准确合理的判断矩阵，具体方法如下：

第一步，构造比较矩阵。

根据确定出的各因子的重要性秩序，得出相应的比较矩阵

$$A = \begin{bmatrix} a_{11} & a_{12} & \cdots & a_{1n} \\ a_{21} & a_{22} & \cdots & a_{2n} \\ \vdots & \vdots & & \vdots \\ a_{n1} & a_{n2} & \cdots & a_{nn} \end{bmatrix}$$

式中，a_{ji} 为第 i 因素与第 j 因素相对比的重要性，且有 $a_{ii}=1$，

$$a_{ji} = \begin{cases} 2, & \text{第}i\text{因素比第}j\text{因素重要} \\ 1, & \text{第}i\text{因素和第}j\text{因素同样重要} \\ 0, & \text{第}j\text{因素比第}i\text{因素重要} \end{cases}$$

第二步，构造判断矩阵 $\boldsymbol{B}$。

对比较矩阵 $\boldsymbol{A}$ 按行求和，计算 r_i：

$$r_i = \sum_{j=1}^{n} a_{ij}$$

构造判断矩阵，其矩阵元素 b_{ij} 遵循以下算式：

$$b_{ij} = \begin{cases} \dfrac{r_i - r_j}{r_{max} - r_{min}}(k_m - 1) + 1, & r_i > r_j \\[4mm] \left[\dfrac{r_i - r_j}{r_{max} - r_{min}}(k_m - 1) + 1 \right]^{-}, & r_j > r_i \end{cases}$$

取 $r_{max} = \max\{r_i\}, r_{min} = \min\{r_i\}, k_m = r_{max}/r_{min}$，由 b_{ij} 构成的矩阵 $\boldsymbol{B}$ 即为判断矩阵。

第三步，判断矩阵 $\boldsymbol{B}$ 的传递矩阵 $\boldsymbol{C}$。传递矩阵 $\boldsymbol{C}$ 的元素 $c_{ij} = \ln b_{ij}$。

第四步，传递矩阵 $\boldsymbol{C}$ 的最优传递矩阵 $\boldsymbol{D}$。最优传递矩阵 $\boldsymbol{D}$ 的元素

$$d_{ij} = \frac{1}{n} \sum_{k=1}^{n} (c_{ik} - c_{jk})$$

第五步，判断矩阵 $\boldsymbol{B}$ 的拟优一致矩阵 $\boldsymbol{E}$。拟优一致矩阵 $\boldsymbol{E}$ 的元素 $e_{ij} = 10^{d_{ij}}$。

第六步，求 $\boldsymbol{E}$ 的特征向量。计算 $\boldsymbol{E}$ 每行元素乘积的 n 次方根

$$\overline{w}_i = \sqrt[n]{\prod_{j=1}^{n} e_{ij}}$$

对特征向量 $\overline{\boldsymbol{W}} = (\overline{w}_1, \overline{w}_2, \cdots, \overline{w}_n)$ 进行归一化处理后即为第 i 个指标相对于系统层的权重值 $w_i = \overline{w}_i / \sum_{j=1}^{n} \overline{w}_j$。

3. 综合评估系统

若关于 x_i 的单指标测度评估矩阵（7.3）已知，关于 x_i 的各指标分类权重向量为式（7.4），令

$$\boldsymbol{\mu}^i = \boldsymbol{W} \cdot (\mu_{ijk})_{m \times K}$$

$$= (w_1, w_2, \cdots, w_m) \begin{bmatrix} \mu_{i11} & \mu_{i12} & \cdots & \mu_{i1K} \\ \mu_{i21} & \mu_{i22} & \cdots & \mu_{i2K} \\ \vdots & \vdots & & \vdots \\ \mu_{im1} & \mu_{im2} & \cdots & \mu_{imK} \end{bmatrix}$$

$$= (\mu_{i1}, \mu_{i2}, \cdots, \mu_{iK})$$

则 $\boldsymbol{\mu}^i$ 为 x_i 的评估向量。

4. 评估准则

用评语等级划分是有序的，第 k 个评语等级 c_k "好于" 第 $k+1$ 个评语等级 c_{k+1}，所以最大测度识别准则不适合，改用置信度识别准则。

置信度识别准则：设置信度为 $\lambda(\lambda > 0.5)$，通常取 0.6，令

$$k_o = \min_k \left[\left(\sum_{l=1}^{k} \mu_{il} \right) \geq \lambda, k = 1, 2, \cdots, K \right]$$

则判 x_i 属于第 k_o 个评估等级 c_{k_o}。

评估排序值用下式确定

$$p_i = \max(\mu_{i1}, \mu_{i2}, \cdots, \mu_{iK})$$

7.5　系统安全性的粗糙集评估模型

粗糙集（Rough Set）理论是一种刻画不确定性和不完整性知识的数学工具。粗糙集综合评估法的基本原理是将权系数确定问题转化为粗糙集中属性重要性评估问题，并且通过建立单个评估指标的关系数据表模型，计算知识的熵，由此给出各个评估指标的权系数的计算方法。该方法计算简

单，完全从数据中分析各个预测方法的重要程度，克服了一些专家评估方法的主观性，使得综合评估更具客观性。评估过程有如下方面。

1. 建立关系数据模型

为了应用粗糙集理论来确定系统综合评估指标体系中每个评估指标的权系数，首先需要建立关系数据模型。将各个评估指标视为条件属性，则条件属性集合

$$C = \{c_1, c_2, \cdots, c_{20}\}$$

将各个专家根据每个评估指标打分后的最后综合得分 y 视为决策属性，则决策属性集合 $D = \{y\}$，第 t 个待评估系统的各个指标值和最后综合得分视为某个知识系统的一条信息，则可定义 $u_t = (c_{1,t}, c_{2,t}, \cdots, c_{20,t}; y_t)$，从而论域 $U = \{u_1, u_2, \cdots, u_n\}$，也称为样本集合。这时研究对象 u_t 的属性值

$$\begin{cases} c_t(u_t) = c_{it} & (i = 1, 2, \cdots, 20, t = 1, 2, \cdots, n) \\ y(u_t) = y_t & (t = 1, 2, \cdots, n) \end{cases}$$

由 $u_t (t = 1, 2, \cdots, n)$ 构成的二维信息表就是关于组合预测方法的关系数据模型。

2. 利用粗糙集理论确定每个指标的权重

（1）从最低一层指标开始，建立其对父指标的知识表达系统（KRS），各子指标即构成条件属性集合 C，设 $C = \{c_1, c_2, \cdots, c_{20}\}$，父指标即为决策属性 D，设 $D = \{y\}$。

（2）对知识表达系统进行数值化处理，并删除重复行。

（3）计算知识 R_D 对知识 R_C 的依赖程度，即计算评估指标集合 C 对决策属性指标 y 的依赖程度

$$\gamma_{R_C}(R_D) = \frac{\displaystyle\sum_{[y]R_D \in U/R_D} card(\underline{R_C}[y]R_D)}{card(U)}$$

（4）对每个评估指标 c_i，计算知识 R_D 对知识 $R_{C-\{c_i\}}$ 的依赖程度。

$$\gamma_{R_C-\{c_i\}}(R_D) = \frac{\sum\limits_{[y]R_D \in U / R_i} card\left(\underline{R_{C-\{c_i\}}}[y]R_D\right)}{card(U)}$$

（5）计算第 i 种评估指标的重要性。

$$\sigma_D(c_i) = \gamma R_C(R_D) - \gamma R_{C-\{c_i\}}(R_D) \quad (i=1,2,\cdots,20)$$

（6）计算第 i 种评估指标的权系数。

$$w_i = \frac{\sigma_D(c_i)}{\sum\limits_{j=1}^{20}\sigma_D(c_j)} \quad (i=1,2,\cdots,20)$$

3. 确定各指标的隶属度

分析各指标的实际特点，确定出各个指标的隶属函数，然后把待评对象各个指标的参数值 x_i 及其对应的标准值 x_i 分别代入其隶属函数，计算出隶属度 $\mu_A(x_i)$。

4. 综合评估

可以用线性加权法对各指标进行加权计算，计算公式为

$$T = \sum_{j=1}^{20} w_j \mu_A(x_i)$$

最后，将待评估对象和参照对象的计算结果进行比较，得出待评估系统的综合评估结果。

重点与难点

重点：① 系统安全性的分析方法；② 事件树分析法；③ 安全评价方法的选择步骤。

难点：运用排列图法对系统的安全性进行分析。

思考与练习

（1）常用的系统安全性的分析方法有哪些？

（2）交通安全评价的内容有哪些？

（3）编制事故树的常用方法是什么？

（4）安全评价的标准是什么？

（5）安全评价方法的选择步骤是什么？

（6）能否找到预先危险性分析法的实际应用？

（7）综合评价的数学模型有哪些？

附　录

附录1　铁路交通事故各类事故条件一览表

事故等级	事故类别	人员死亡	人员重伤	经济损失	客运列车 繁忙干线 脱轨辆数/中断时间	客运列车 其他干线 脱轨辆数/中断时间	货运列车 繁忙干线 脱轨辆数/中断时间	货运列车 其他干线 脱轨辆数/中断时间	中断铁路线路 客车脱轨辆数	货车脱轨辆数	中断繁忙干线	中断其他线路	繁忙干线 双线之一单线中断	繁忙干线 双线中断	其他线路 双线之一单线中断	其他线路 双线中断	客车脱误本列	客车脱轨	客车摘车	客车报废	机车大破	动车组中破	货车脱轨
特别重大		30人以上	100人以上	1亿元以上	18/48		60/48																
		特1	特2	特3	特4		特5																
重大		10人以上	50人以上	5000万以上	2-17/24	2-17/48	6-59/24	6-59/48	18	60													
		重1	重2	重3		重6		重7	重4	重5													
较大		3人以上	10人以上	1000万以上					2-17	6-59	6	10											
		较1	较2	较3					较4	较5	较6	较7											
一般	A类	2人	5/9人	500万以上									3-6下	2-6下	6-10下	3-10下	4	1	2	2	1	1	4-5
		A1	A2	A3									A4.1	A4.1	A4.2	A4.2	A4.3	A4.4	A4.5	A4.6	A4.7	A4.8	A4.9
	B类	1人	1/4人	100万以上															1	1大破	1中破	1中破	2-3
		B1	B2	B3									B4.1		B4.2		B4.3		B4.4	B4.5	B4.6		B4.7

183

续表

类别	子类	编号	内容
一般	C类	C1	列车冲突。
		C2	货运列车脱轨
		C3	列车火灾
		C4	列车爆炸
		C5	列车相撞
		C6	向占用区间发出列车
		C7	向占用区间接入列车
		C8	未准备好进路接、发列车
		C9	未办或错办闭塞发出列车
		C10	列车冒进信号或越过警冲标
		C11	机车车辆溜入区间或站内
		C12	列车中机车车辆断轴、车轮、前裂、制动梁、下拉杆、交叉杆等部伴脱落
		C13	列车运行中碰撞轻型车辆、小车、施工机械、机具、防护网等拥体、落包……
		C14	接触网接触线断线、倒杆或塌网
		C15	关闭折角塞门发出列车式运行中
		C16	列车运行中挂行车设备
		C17	列车中设施、设施，装载货物装载加固材料超限坠落
		C18	装载超限的车辆按装载普通货物的车辆编入列车
		C19	电力机车、动车组带电进入停电区
		C20	错误向停电区段内的接触网供电
		C21	电气化区段攀爬顶脱列车
		C22	客运列车分离
		C23	发生冲突、脱轨的机车车辆未按规定检查鉴定编入列车
		C24	无调度命令施工、超范围施工
		C25	漏发、错发、漏传、错传调度命令，号载列车超速运行
	D类	D1	调车冲突
		D2	调车脱轨
		D3	挤道岔
		D4	调车相撞
		D5	错办或……致使列车停车
		D6	错办行车凭证或发车脱误列车
		D7	调车作业碰轧脱轨器、防护信号，或未撤防护牌动车
		D8	货运列车分离
		D9	施工、检修、清扫设备脱误列车
		D10	……违反劳动纪律、作业纪律脱误列车
		D11	滥用紧急制动阀脱误列车
		D12	擅自发车、开车、停车，错办通过或在禁区回乘所错误通过
		D13	列车拉铁鞋开车
		D14	漏发、错发、错传调度命令误列车
		D15	错误操纵、使用行车设备脱误列车
		D16	使用不经型列车、小车……
		D17	应安装尾装置未安装发出列车
		D18	行包、邮件装卸作业误列车
		D19	电力机车错误进入无接触网线路
		D20	……抛撒物体伤亡人身或毁设备损
		D21	……脱误列车1小时……固定设备2小时以上、客运列车1小时、货运列车2小时以上

附录 2　Γ 函数

$$\Gamma = \int_0^\infty t^{x-1}\mathrm{e}^{-t}\mathrm{d}t(1 \leqslant x \leqslant 2), \Gamma(x+1) = x\Gamma(x)$$

x	$\Gamma(x)$	x	$\Gamma(x)$
1.00	1.000 00	1.50	0.886 23
1.01	0.994 33	1.51	0.886 59
1.02	0.988 84	1.52	0.887 04
1.03	0.983 55	1.53	0.887 57
1.04	0.978 44	1.54	0.888 18
1.05	0.973 50	1.55	0.888 87
1.06	0.968 74	1.56	0.889 64
1.07	0.964 15	1.57	0.890 49
1.08	0.959 73	1.58	0.891 42
1.09	0.955 46	1.59	0.892 43
1.10	0.951 35	1.60	0.893 52
1.11	0.947 40	1.61	0.894 68
1.12	0.943 59	1.62	0.895 92
1.13	0.939 93	1.63	0.897 24
1.14	0.936 42	1.64	0.898 64
1.15	0.933 04	1.65	0.900 12
1.16	0.929 80	1.66	0.901 67
1.17	0.926 70	1.67	0.903 30
1.18	0.923 73	1.68	0.905 00
1.19	0.920 89	1.69	0.906 78
1.20	0.918 17	1.70	0.908 64
1.21	0.915 58	1.71	0.910 57
1.22	0.913 11	1.72	0.912 58
1.23	0.910 75	1.73	0.914 67
1.24	0.908 52	1.74	0.916 83
1.25	0.906 40	1.75	0.919 06

x	$\Gamma(x)$	x	$\Gamma(x)$
1.26	0.904 40	1.76	0.921 37
1.27	0.902 50	1.77	0.923 76
1.28	0.900 72	1.78	0.926 23
1.29	0.899 04	1.79	0.928 77
1.30	0.897 47	1.80	0.931 38
1.31	0.896 00	1.81	0.934 08
1.32	0.894 64	1.82	0.936 85
1.33	0.893 38	1.83	0.939 69
1.34	0.892 22	1.84	0.942 61
1.35	0.891 15	1.85	0.945 61
1.36	0.890 18	1.86	0.948 69
1.37	0.889 31	1.87	0.951 84
1.38	0.888 54	1.88	0.955 07
1.39	0.887 85	1.89	0.958 38
1.40	0.887 26	1.90	0.961 77
1.41	0.886 76	1.91	0.965 23
1.42	0.886 36	1.92	0.968 77
1.43	0.886 04	1.93	0.972 40
1.44	0.885 81	1.94	0.976 10
1.45	0.885 66	1.95	0.979 88
1.46	0.885 60	1.96	0.983 74
1.47	0.885 63	1.97	0.987 68
1.48	0.885 75	1.98	0.991 71
1.49	0.885 95	1.99	0.995 81
1.50	0.886 23	2.00	1.000 00

参考文献

[1]周正伐. 可靠性工程基础[M]. 北京：中国宇航出版社，2009.

[2]李大伟，陈云翔，徐浩军，等. 一种改进的系统安全性分析方法[J]. 科技导报，2012， 30（34）：32-35.

[3]Jéssyka Vilela, Jaelson Castro, Luiz Eduardo G. Martins, et al. Integration between requirements engineering and safety analysis: A systematic literature review[J]. The Journal of Systems & Software, 2017(125):68-92.

[4]郭永基. 可靠性工程原理[M]. 北京：清华大学出版社， 2002.

[5]蒋子涵，方志耕，芮菡苔，等. 不完全共因失效系统可靠性预测贝叶斯更新[J]. 系统工程与电子技术，2018，40（4）.

[6]陈晨，张乃禄，许磊，等. 基于故障树的数字化井场监控系统可靠性分析[J].工业仪表与自动化装置，2017（1）：54-56，105.

[7]沈祖培，黄祥瑞.GO 法原理及应用：一种系统可靠性分析方法[M]. 北京：清华大学出版社，2004.

[8]李大伟，陈云翔，徐浩军，等. 系统安全性分析中风险概率指标确定方法研究[J].飞行力学，2014，32（4）：380-384.

[9]姚成玉，陈东宁，王斌. 基于 T-S 故障树和贝叶斯网络的模糊可靠性评估方法[J]. 机械工程学报，2014，50（2）：193-201.

[10]文元桥，吴定勇，张恒，等. 水上交通系统安全模态定义与建模[J]. 中国安全科学学报，2013，23（6）：32-38.

[11]黄江宁，郭瑞鹏，赵舫，等. 基于故障集分类的电力系统可靠性评估方法[J]. 中国电机工程学报，2013，33（16）：112-121，11.

[12]N M Jesna, M V L R. Anjaneyulu. Reliability Analysis of Horizontal

Curves on Two Lane Highways[J]. Transportation Research Procedia, 2016(17):107-115.

[13] Bowen Zou，Ming Yang，Emi-Reynolds Benjamin, et al. Reliability analysis of Digital Instrumentation and Control software system[J]. Progress in Nuclear Energy，2017(98): 85-93.

[14] 程五一，李季. 系统可靠性理论及其应用[M]. 北京：北京航空航天大学出版社，2012.

[15] 赵亮.信息系统安全评估理论及其群决策方法研究[D]. 上海：上海交通大学，2011.

[16] 丁坚勇，孙建明，张华志，等. 高速铁路供电系统安全性评估研究[J]. 铁道工程学报，2011，28（5）：76-80.

[17] 李莎莎，崔铁军，马云东. 基于空间故障树理论的系统可靠性评估方法研究[J]. 中国安全生产科学技术，2015，11（6）：68-74.

[18] 阮渊鹏，何桢. 基于 MCS 的多状态复杂系统可靠性评估[J]. 系统工程学报，2013，28（3）：410-418.

[19] 尹晓伟，钱文学，谢里阳.基于贝叶斯网络的多状态系统可靠性建模与评估[J]. 机械工程学报，2009，45（2）：206-212.

[20] Xin Liu, Zhixiang Kuang, Lairong Yin, et al. Structural Reliability Analysis Based on Probability and Probability Box Hybrid Model[J]. Structural Safety, 2017(68): 73-84.

[21] 兑红炎，陈立伟，周毫，等. 基于系统可靠性的组件综合重要度变化机理分析[J]. 运筹与管理，2018，27（2）.

[22] 王远达，宋笔锋. 系统可靠性预计方法综述[J]. 飞机设计，2008，（1）：37-42.

[23] Jean-Yves Choley, Faïda Mhenni, Nga Nguyen, et al. Topology-based safety analysis for safety critical CPS[J]. Procedia Computer Science, 2016(95): 32-39.

[24] 章筠. 计算机网络可靠性分析与设计[D]. 杭州：浙江大学，2013.

[25] Ricardo Manuel Arias Velásquez, Jennifer Vanessa Mejía Lara. Reliability, availability and maintainability study for failure analysis in series capacitor bank[J]. Engineering Failure Analysis，2018(86).

[26] 曹颖赛，刘思峰，方志耕，等. 多态系统可靠性分析广义灰色贝叶斯网络模型[J]. 系统工程与电子技术，2018，40（1）：231-237.

[27] Dongjin Lee，Rong Pan. A nonparametric Bayesian network approach to assessing system reliability at early design stages[J]. Reliability Engineering and System Safety, 2018(171).

[28] 茍大鹏. 网络系统安全性评估技术研究[D]. 哈尔滨：哈尔滨工程大学，2009.

[29] 陈国兵，杨自春，费志方. 连续贝叶斯网络在系统动态安全性分析上的应用[J]. 质量与可靠性，2018（2）：21-24，34.

[30] 刘洋，李文鹤.轨道交通车门系统可靠性分配准则和预计方法[J]. 内燃机与配件，2018（6）：218-220.

[31] 赵新勇. 基于多源异构数据的高速公路交通安全评估方法[D]. 哈尔滨：哈尔滨工业大学，2013.

[32] 胡剑波，郑磊. 航空维修安全监察的安全性分层监督控制模型与分析[J]. 安全与环境工程，2016，23（6）：135-142.